MONOGRAPHIE

DU

DIAMANT

PAR

H. JACOBS et N. CHATRIAN

AF401647

ANVERS
LIBRAIRIE UNIVERSELLE
de
LOUIS LEGROS
45, Place de Meir, 45

PARIS
LIBRAIRIE UNIVERSELLE
ancienne et moderne
de J. SEPPRÉ
60, Rue des Écoles, 60

1880

1917

MONOGRAPHIE

DU DIAMANT

8° S

MONOGRAPHIE

DU

DIAMANT

PAR

H. JACOBS et N. CHATRIAN

$\cdot$ $\diamond$ $\cdot$

<table>
<tr><td align="center">ANVERS
LIBRAIRIE UNIVERSELLE
de
LOUIS LEGROS
45, Place de Meir, 45</td><td align="center">PARIS
LIBRAIRIE UNIVERSELLE
ancienne et moderne
de J. SEPPRÉ
60, Rue des Écoles, 60</td></tr>
</table>

1880

BIBLIOTHÈQUE NATIONALE — R. F. — IMPRIMÉS

AVERTISSEMENT

ETTE monographie n'apprendra au savant rien qu'il ne sache. Au public, elle fera connaître les données de la science sur le diamant.

On n'est pas encore fixé irrévocablement sur la formation et la nature de ce merveilleux cristal. L'avenir viendra peut-être, par une heureuse synthèse, confirmer les données précises de l'analyse.

Nous n'avons pas la prétention d'avancer cet avenir. Nous n'apporterons aucune expérience nouvelle; ce qui peut être nouveau en ce livre c'est l'observation, et, ce qu'on trouve trop rarement dans les traités qui parlent de cette gemme précieuse, la compétence que l'un de nous, fils et petit-fils de négociants en diamants, a acquise par une vie entière passée dans le commerce du diamant, soit au Brésil où on le trouve, soit à Anvers et à Amsterdam, où on le taille, soit à Paris, le plus grand marché du monde, où on le vend.

CHAPITRE PREMIER.

LA CRISTALLISATION.

DANS l'étude de la nature, on divise les corps naturels en deux catégories bien distinctes : les uns sont organisés ou vivants, les autres sont inorganiques.

L'étude de ces derniers présente, sans doute, moins d'attraction que celle des corps qui subissent l'impulsion de la vie. Dans l'étude des minéraux, nous ne trouvons plus cet agent mystérieux, inconnu, qui, dans l'infinité de ses manifestations, nous désespère et nous attire tout à la fois par la multiplicité et la difficulté des problèmes qu'il livre à nos recherches.

Cette nature morte a cependant aussi ses mystères. Tout se tient dans la nature. En fait de matière, rien ne se perd, rien ne se crée, tout se transforme. Les corps bruts participent à la vie en fournissant à l'organisme ses éléments.

A celui qui les interroge avec persévérance, ils
livrent des faits utiles, qui ouvriront peut-être à
la science quelques-unes des lois qui président
à la constitution intime des corps.

Sans vouloir aborder ici les diverses théories
sur la constitution de la matière, nous voulons
cependant dire qu'aucun fait scientifique n'y
touche de plus près que le phénomène de la cristallisation, dont l'étude, comme l'a dit un grand
naturaliste, est pour ainsi dire la physiologie des
minéraux.

Rien n'est plus ordinaire que de voir la même
substance se transformer en corps d'aspect le plus
différent et doués de facultés physiques les plus
diverses.

Les diamants étincelants, les émeraudes aux
teintes variées des ondes de la mer, le rubis de
feu, le saphir d'un bleu de ciel, ne sont que du
charbon, de l'argile, du sable, matières grossières que nous foulons aux pieds.

La même substance, formée des mêmes éléments, le carbonate de chaux, par exemple, est
tantôt calcaire compacte, tantôt craie fragile ;
elle est marbre, albâtre ou le plus pur cristal.

Quel est donc ce travail de transformation
mystérieuse ? C'est surtout par suite de la cristallisation que se manifestent ces changements
remarquables. C'est elle qui met entre deux corps

de même nature une différence plus grande que celle qui existe entre deux corps composés des éléments les plus opposés.

Beaucoup de corps sont capables de cristalliser si leurs molécules se trouvent disposées dans des conditions favorables par la dissolution, la fusion ou la volatilisation. Un des effets les plus fréquents de ce phénomène est de rendre transparents les corps les plus opaques. Tout le monde sait que le diamant le plus resplendissant et le noir de fumée sont exactement le même corps, dont l'arrangement moléculaire a seul varié.

C'est la connaissance des lois de la cristallisation qui a fait de la minéralogie une science proprement dite.

Les savants des siècles passés, pour expliquer la régularité et la constance des formes affectées par certaines substances, les appelaient des *jeux de la nature*.

Ce n'est pas la place ici de donner les développements de cette science entrevue par Linné, créée par le Français Romé de l'Isle, complétée par l'Allemand Bergmann et définitivement fixée par le grand Haüy; nous nous contenterons de dire que, dès 1772, Romé de l'Isle démontra ce fait fondamental que, dans la même variété d'un même cristal, les angles formés par les facettes sont toujours identiques.

Bergmann, le premier, Haüy ensuite, reconnurent que certains minéraux ont la propriété de se casser en lames, et que ces lames s'enlèvent dans un sens toujours le même pour la même substance, de telle sorte qu'en ôtant d'un minéral un certain nombre de ces lames, le solide qui reste entre les mains de l'opérateur diminue, il est vrai, de volume, mais conserve toujours les mêmes angles. Ils donnèrent au solide qui résulte de cette opération le nom de « solide de clivage, » nom emprunté au langage des lapidaires, qui, depuis longtemps, savaient cliver le diamant, c'est-à-dire le fendre suivant ses plans naturels.

La même substance minérale présente souvent des formes cristallines, en apparence très dissemblables. Le diamant, par exemple, consiste le plus souvent en un solide à huit faces, ou octaèdre, mais on en trouve qui ont six, douze, quarante-huit et jusqu'à quatre-vingts facettes distinctes.

Haüy reconnut qu'il existe une relation simple entre la forme donnée par le clivage et toutes ces formes naturelles. Il trouva qu'elles peuvent se déduire les unes des autres par des lois constantes qu'il fit connaître.

Pour apprécier l'importance de cette découverte, il suffira de dire qu'une seule substance

présente parfois une quantité surprenante de
dérivés. M. Bournon, qui a consacré deux volu-
mes à la monographie de la chaux carbonatée,
ne compte pas moins de huit cents formes différentes, toutes bien caractérisées dans cette espèce minérale.

On voit combien serait inextricable la masse
des faits dont se compose la minéralogie si les
lois découvertes par Haüy, qui rapportent à six
groupes distincts toutes les formes cristallines,
ne venaient guider le savant au milieu de ce
labyrinthe.

CHAPITRE II.

LE DIAMANT.

I. Le diamant était connu des anciens. — II. Caractères du diamant. — III. Sa composition. — IV. Son origine. — V. Essais de production artificielle du diamant.

I.

U'EST-CE que le diamant? Pour le vulgaire, ce qu'il y a de plus précieux et de plus cher au monde; pour le savant, du charbon pur, la matière usuelle la plus commune.

C'est en réalité une substance merveilleuse, devant laquelle les métaux les plus précieux ne sont que corps bruts. C'est le cristal qui réunit au plus haut degré toutes les qualités qu'on cherche dans les gemmes; c'est le plus dur, le plus simple, le plus incorruptible, le plus beau, le plus éclatant des minéraux.

Talisman invincible, substance mystérieuse, incomparable, indestructible pour les anciens,

il a été détruit par les modernes; mais cette destruction est elle-même plus merveilleuse que les
phénomènes constatés par les anciens : dans le
creuset du savant qui cherche à approfondir son
mystère, il ne laisse rien. Prisme radieux, source
profonde de lumière irisée, émeraude, saphir,
rubis tout à la fois, et supérieur à chacun par
son éclat, il brûle comme un soleil éblouissant,
sans perdre sa forme, sans laisser de cendres.
Ce cristal précieux, quand il ne peut resplendir
des feux du soleil, quand il ne peut répandre sa
lumière à flots, comme une rivière, sur la beauté
qui le cherche, enfin quand il ne peut charmer par
son éblouissement, devient utile par sa dureté.

Aussi les anciens le faisaient-ils, comme le soleil, fils de Jupiter. Le père des dieux, pour ôter
aux hommes le souvenir des jours qu'il avait
passés sur la terre, mortel comme eux, changea
en pierre un jeune homme de l'île de Crète, qui
l'avait gardé au berceau et qui seul pouvait té-
moigner de son séjour ici-bas. Cette pierre était
précieuse; ce jeune homme s'appelait Diamant.

Mais laissons la fable. Le diamant a certainement été connu depuis la plus haute antiquité.
On dit qu'il ne figurait pas dans les douze pierres
qui étaient considérées comme les plus précieuses
et que le grand-prêtre des Juifs portait sur le
Rational de son éphod. Quelques interprètes

juifs soutiennent cependant que les deux onyx placés sur les épaules, « c'étaient deux diamants qui ne se pouvaient estimer, parce qu'il n'y en eut jamais au monde de pareils. »

Il était connu par Platon ; Aristote y fait allusion dans sa théorie sur la formation des pierres précieuses. Lucrèce en parle en ces termes :

.... Adamantina saxa
Prima acie constant, ictus contemnere sueta.

Pline, qui le compare à deux poulies unies par la base, nous en parle bien longuement ; il indique même les lieux de provenance de ce précieux cristal.

L'empereur Agrippa était soupçonné d'inceste avec sa sœur Bérénice. Une satire de Juvénal nous apprend comment un diamant, mis par cet empereur au doigt de sa sœur, vint presque réaliser ce soupçon. On voit par là que quoique dépourvu de l'éclat que lui donne la taille, découverte seulement vers la fin du xvᵉ siècle par Louis de Berquem, il avait déjà une haute valeur qu'il devait, sinon à sa beauté, à sa dureté. De quel œil ces puissants conquérants du monde n'eussent-ils point considéré nos diamants taillés, ces soleils réduits dans le chaton d'une bague, eux dont la magnificence ne connaissait point de limite !

Pline remarque que pendant longtemps il n'appartint qu'aux rois, et même aux plus puissants, d'en posséder quelqu'un. Il rapporte que chez les riches Romains il tenait lieu d'immeubles et de domaines et que les héritiers y succédaient ainsi.

Les Grecs et les Latins l'appelaient *adamas*, indomptable, à cause de sa dureté, de sa non frangibilité, et de sa résistance à l'action du feu. De ces deux derniers caractères, l'un est plus que contestable, l'autre est absolument apocryphe. Personne ne s'aviserait de mettre un diamant, même brut, sous le marteau dont parle Lucrèce ; il se briserait avec une facilité surprenante, et nos prisons seraient vides si on accordait, comme Pline raconte qu'on le proposa à Rome, la liberté aux malfaiteurs qui, à l'aide d'un marteau et d'une enclume, briseraient l'infrangible cristal.

Nous verrons plus loin qu'il ne résiste pas davantage à l'action du feu.

II.

Le diamant se trouve, dans ses gisements, mélangé à des cailloux roulés ou dans des poudingues, à une profondeur variable, sous forme de

cristaux le plus souvent octaèdres, et tous déri-
vant du cube, recouverts d'une gangue ou légère
couche de couleurs souvent différentes, semblant
porter la trace d'une opération ignée, qui les
rend à peine translucides. Dès que cette gangue
est retirée par la taille, la gemme est d'une
transparence parfaite. On le trouve aussi sous
forme de concrétions granuleuses et amorphes
provenant, sans doute, d'une cristallisation imparfaite.

Forme cristalline. — La forme la plus habituelle du diamant est l'octaèdre régulier ; c'est
en même temps sa forme primitive, celle à laquelle ses clivages conduisent. L'un de nous
peut affirmer que, sur des centaines de mille de
carats de diamants bruts qui ont passé par ses
mains, un bon tiers ont la forme octaédrique ;
seulement, dans la plupart des cas, les faces de
l'octaèdre sont arrondies, soit parce qu'elles sont
courbes, soit parce qu'elles sont surchargées de
facettes.

Quelquefois cependant on observe des cubes,
des dodécaèdres et même des cristaux où l'on
retrouve les trois formes. Parmi les cristaux cu-
biques, nous en avons vus qui portaient sur leurs
arêtes un double biseau ; ces derniers sont fort
rares, tandis que le cubo-octaèdre, dans lequel

dominent toujours les faces de l'octaèdre, et le cubo-dodécaèdre, sont assez communs.

Il n'est pas rare de rencontrer le diamant sphéroïdal (diamant à facettes curvilignes) et le diamant sphéroïdal sextuplé à 48 facettes.

MM. Jacobs et David ont dans leur collection un de ces cristaux qui, même à la loupe, est presque un sphéroïde parfait.

Ces formes arrondies ont-elles été affectées par les diamants en présence d'autres diamants dans les graviers quartzeux avec lesquels ils ont été transportés ?

Dans les mines où on les rencontre, les diamants ne sont pas assez nombreux pour qu'ils aient pu s'user réciproquement. Il n'est pas vraisemblable que les matières qui les accompagnent, et qui sont comparativement tendres, aient pu les user dans les chocs qu'elles leur auraient fait éprouver pendant la durée du charriage. En admettant avec M. Delafosse que le diamant, malgré sa dureté supérieure, a bien pu céder à la longue à l'action continuellement répétée des galets et des sables quartzeux, attendu que l'action des matériaux les uns sur les autres ne résulte pas seulement de leur dureté relative, mais encore de la vitesse et de la pression des agents frotteurs, il serait encore permis de se demander pourquoi ces phénomènes ne sont pas plus fréquents, puisque tous les cristaux d'un même gisement ont subi le même transport, dans le même gravier.

Cette action mécanique expliquerait tout au plus les brisures que l'on rencontre fréquemment dans les cristaux de diamant, brisures qui en peuvent d'autant plus facilement être la conséquence que le diamant, s'il est très dur, est loin d'être infrangible.

En outre, la même gangue, provenant très probablement d'une action ignée ou chimique, recouvre les cristaux sphéroïdaux et les cristaux réguliers, ce qui se concilierait difficilement avec l'opinion, d'ailleurs si brillamment soutenue par M. Delafosse.

Un fait encore vient balancer cette théorie : il y a certainement des cristaux sphéroïdaux où l'on trouve un clivage parfait, mais il y en a aussi où il manque. Le boort en outre, qu'on dénomme à tort bowr, est sensiblement une cristallisation de carbone inachevée ou précipitée, si l'on préfère. Sa densité 3,58 est bien à peu près la même que celle du diamant, sa constitution est certainement carbonique, et sa cristallisation, quoique diffuse, dérive du système cubique. Ce cristal n'a aucun clivage; il se trouve remplacé par une disposition concentrique de ses lames, ce qui évidemment doit faire chercher la cause de cette circonstance extraordinaire dans la formation primitive du cristal, et nous ramener à l'avis d'Haüy.

Le savant cristallographe croit que ces modifications ne sont autre chose que les effets de la tendance qu'a la cristallisation vers une forme régulière à quarante-huit facettes planes. Mais la formation du diamant ayant été précipitée, les faces ont subi des arrondissements, comme cela arrive par rapport à une multitude de minéraux. On peut même dire que le diamant, dont les arêtes curvilignes forment des reliefs très délicats, porte, plus visiblement que beaucoup d'autres substances, l'empreinte de la forme qui aurait eu lieu si la cristallisation avait atteint son but.

J'ai observé, dit Haüy, beaucoup de diamants à faces bombées, et j'y ai toujours reconnu, au moins sur une partie des faces, les indices des arêtes *du*, *de*, *bd*, comprises entre celles qui aboutissent aux angles de la forme primitive.

Dureté. — Le caractère le plus absolu du diamant, qui n'est pas le plus frappant, mais qui l'accompagne constamment, dans quelque état qu'il se présente, c'est sa dureté, supérieure à celle de tous les minéraux connus, en sorte qu'il

les raie tous et n'est rayé par aucun. C'est ce
qui permet aux minéralogistes de le distinguer
du rubis spinelle octaèdre : celui-ci est très facilement rayé par le diamant. C'est aussi cette
propriété qui a fait employer le diamant d'abord
pour couper le verre et les glaces, ensuite pour
perforer les roches les plus dures.

On utilise pour la première de ces opérations
certains diamants à arêtes courbes et à faces
bombées. On choisit toujours pour cet usage des
pierres brutes où cette forme est nettement
prononcée : ce sont, le plus souvent, de petits
octaèdres purs, au moins pour une pointe. Les
arêtes courbes et les faces bombées qui s'y réunissent pénètrent comme un coin et font éclater
le verre. Cette propriété est naturelle au diamant, car tout l'art du lapidaire ne pourrait arriver à lui donner ce pouvoir qu'il ne possède
que dans son état primitif, et encore dans de
certaines conditions de forme, de structure et de
cristallisation.

D'autres corps durs taillés en pointe acérée
raient bien le verre, mais ne le coupent point ;
le diamant seul a cette propriété.

Le Dr Wollaston a fait sur cet emploi du diamant des observations intéressantes. Il attribue
cette propriété à la particularité de cristallisation
dont nous avons parlé ci-dessus. En donnant

par la taille la même forme à un rubis spinelle et à un corindon-télésie, il a coupé le verre aussi bien qu'avec du diamant; mais ces pierres ne conservent pas cette propriété aussi longtemps.

Avant que l'on employât ce procédé si simple, on commençait par creuser un sillon dans le verre, au moyen de l'émeril ou avec une pointe d'acier, on humectait ensuite le verre à l'endroit du sillon, et on y passait une pointe de fer rougie au feu qui déterminait la rupture.

Tout le monde connaît l'heureux emploi que M. Leschott et d'autres éminents ingénieurs ont fait du diamant pour la perforation des roches et pour le percement des tunels. Grâce à cette ingénieuse application, on a triplé la rapidité du travail. M. Laroche-Tolay, à l'Exposition de 1867, exposa une puissante machine dont les pointes étaient armées de carbonado.

Cette substance minérale, découverte dans la province de Bahia, au Brésil, vers 1842, se trouve mêlée aux dépôts de diamants dans les alluvions qui le récèlent. Sa pesanteur spécifique, plus élevée que celle du diamant, est de 3,782. C'est une substance noire, opaque, non cristallisée. On en trouve du poids de 500, de 1,000 et même 1,500 carats. Il sert non seulement à la perforation des roches dures, mais encore à bruter, tailler et polir le diamant. On l'appelle au Brésil : *carbonado* ; à l'Ecole des mines de Paris : *diamant carbonique*. Ce minéral, au moins aussi dur que le diamant, paraît en avoir été la base avant sa cristallisation. Son prix, après avoir été assez élevé, est actuellement minime : environ 14 fr. le carat. Il n'est pas clivable et résiste à la taille.

Dès 1860, M. Leschot appliqua le carbonado à son perforateur. C'est tout simplement un long tube en acier qu'on peut allonger à volonté et qui porte, enchâssés à son bout, quatre diamants dont les pointes forment comme les dents d'une couronne à trépan.

Pour percer les roches à l'aide de ce perforateur, on fait tourner, avec une vitesse de 250 à 300 tours par minute, cette tige. Les diamants usent la pierre dont les débris sont entraînés par un courant d'eau injectée sous une certaine pression dans la tige creuse. Ainsi le forage des roches même les plus dures s'effectue avec une rapidité étonnante. Dans le sondage de Rheinfelden, en Suisse, on a atteint en soixante jours la profondeur de 475 mètres. Avec l'ancien système, il eût fallu deux ou trois ans, c'est-à-dire une dépense quinze fois plus grande.

C'est ainsi que ce merveilleux minéral lorsqu'il est privé de l'avantage de plaire a encore le mérite d'être utile.

Densité. — La pesanteur spécifique du diamant est de 3,50 à 3,55 ; elle varie suivant sa provenance. Elle est de 3,444 pour le brésilien ordinaire, de 3,521 pour l'oriental.

Il est impossible d'entrer ici dans des détails sur les procédés scientifiques pour la détermination de la densité. Nous dirons seulement qu'un diamant, attaché par un fil très fin au-dessous d'une balance et plongé dans un verre d'eau, ne peut s'éloigner que de deux septièmes de son poids. Ainsi un diamant, qui pèserait hors de l'eau 21 centigrammes, doit perdre dans l'eau les deux septièmes de ce poids, c'est-à-dire 6 centigrammes. Il pèsera dans l'eau 15 centigr. S'il s'éloigne sensiblement de cette proportion, ce n'est pas du diamant.

Phosphorescence. — On sait qu'un grand nombre de corps jouissent de la propriété d'emmagasiner en quelque sorte la lumière dont ils ont été frappés et de la rendre dans l'obscurité, même encore longtemps après y avoir été plongés. Avant que Vincenzo Calciairolo eût constaté, en 1604, la phosphorescence dans les coquilles calcinées, le diamant était seul connu comme phosphorescent, et cette propriété avait été remarquée par les anciens.

Les minéralogistes disent que tous les diamants n'en sont pas également doués et qu'il faut des précautions particulières pour la faire naître.

On met généralement le diamant sur une coupelle en porcelaine, on l'expose pendant au moins un quart d'heure aux rayons solaires, on le transporte immédiatement dans l'obscurité la plus complète et le phénomène devient généralement très sensible. Ces précautions sont certainement nécessaires pour le constater, et encore le phénomène ne se produit-il pas toujours. Nous avons souvent, après un quart d'heure d'insolation, même au moyen d'une lentille convergente, obtenu des résultats négatifs. Par contre, ce minéral est tellement altéré de lumière, que dès que le plus petit faisceau lumineux pénètre dans la chambre obscure, il s'en imbibe et brille d'un vif éclat, aussi bien lorsqu'il a été préalablement exposé aux rayons solaires que lorsqu'on le sort des papiers de soie où on a l'habitude de l'envelopper.

On a souvent exagéré cette propriété du diamant. La phosphorescence, lorsqu'elle se produit, est beaucoup moins intense sur les facettes qui sont parallèles aux faces de l'octaèdre primitif que sur celles qui ne le sont pas. Elle est surtout excitée par les rayons bleus de la lumière, comme aussi par le choc électrique. Nous l'avons vue se développer par le frottement sur la meule.

Chaleur spécifique et électricité. — D'après M. Regnauld, la chaleur spécifique du diamant est de 0,1468, et de 0,1192 d'après MM. de la Rive et Marcet.

Depuis longtemps on sait qu'un diamant frotté légèrement sur la laine ou la soie acquiert la propriété d'attirer les corps légers qui l'approchent. Cette faculté d'attraction, que jadis on considérait comme une preuve de la finesse de la pierre essayée, est due à l'électricité qui, par le frottement, se développe sur la surface de plusieurs espèces de corps, comme le verre, qui la possède au même degré. Mais il est des minéraux qui jouissent de la propriété singulière de s'électriser par l'action seule de la chaleur, comme la tourmaline, et de s'électriser de telle sorte qu'une extrémité est électrisée positivement, tandis que l'autre l'est négativement ; entre ces deux points, il en est un qui n'est nullement électrisé. Ces phénomènes et les lois qui y président ont été étudiés par M. Becquerel père. Dans le diamant, la couche électrique est sensiblement uniforme, vitrée, et elle est conservée à peine un quart d'heure, tandis que la topaze incolore, dite goutte d'eau, donne des

signes d'électricité plusieurs heures après qu'elle
est frottée.

Réfraction. — Les cristaux dont la forme
primitive n'est ni un cube ni un octaèdre régulier sont biréfringents.

Lorsqu'on tient ces cristaux au devant de
l'œil et qu'on regarde contre le jour une épingle
ou un objet délié, on en voit deux images distinctes, plus ou moins séparées l'une de l'autre.

Il n'en est pas ainsi pour le diamant, sa réfraction est simple ; ce caractère optique fort dé-
licat trace une ligne de démarcation entre le
diamant et toutes les gemmes sans couleur qui
ont elles une réfraction double.

Babinet, ce grand maître de l'optique miné-
ralogique, raconte comment un Anglais de distinction qui lui présentait dans un écrin une
magnifique goutte d'eau, qui eût été un diamant
d'un immense prix, fut péniblement désabusé
au moment où il aperçut l'aiguille, vue au travers du prétendu diamant, doublée. Le maître
lui avait à l'avance expliqué la portée de ce caractère optique que le diamant ne possède jamais. L'Anglais se trouva mal.

Une telle méprise eût été impossible pour un
homme du métier ; un négociant exercé, lors
même qu'il fût ignorant des caractères de cris-

tallisation, d'optique, de densité, ne confondrait jamais un diamant avec le saphir blanc, avec la topaze blanche, ni même avec le zircon blanc, bien que Mawe dise que ces pierres ont un prix plus élevé, à cause de la possibilité, frauduleuse, d'ailleurs, de les faire passer pour du diamant.

Mais si sa réfraction est simple, elle est aussi très puissante. Il réfracte la lumière en entier, sous un angle d'incidence excédant 24°,13. Son indice de réfraction absolue est 1,755, et son angle de polarisation 22°, tandis qu'il est de 31° dans la topaze et de 35° dans le strass.

Sa réfraction est plus forte qu'elle ne devrait l'être en raison de la densité de ce minéral considéré comme pierre. Aussi Newton ayant entrepris de comparer les puissances réfractaires des différents corps diaphanes avec leurs densités et ayant trouvé qu'en général elles étaient à peu près en rapport les unes avec les autres, avait conclu que le diamant avait une puissance réfractive beaucoup plus grande que les corps qu'il appelle fixes, qu'il devait être placé parmi les corps onctueux, sulfureux, et qu'il était combustible.

Ainsi des seules lois de la réfraction Newton avait conclu que le diamant était *inflammable*. C'est, comme le dit Haüy, une de ces marches savantes et un de ces circuits ingénieux par lesquels les hommes supérieurs vont quelquefois surprendre la nature du côté où elle semblait être inaccessible. Cette route n'est ouverte qu'aux hommes de génie. Avant lui, Copernic, par la seule force du raisonnement, avait deviné les phases des planètes. Il mourut en 1543. Soixante-treize ans plus tard, en 1610, Galilée, explorant le ciel avec une lunette nouvellement construite, aperçut, à Florence, que Vénus avait des phases comme la lune ! Et de nos jours, M. Le Verrier ayant soumis la théorie et les tables d'Uranus à une révision scrupuleuse, entrevoyait une pla-nète qui devait se trouver dans un point du fir-mament qu'il était parvenu, par la force du cal-cul, à déterminer et à préciser. Le 23 septem-bre 1846, un astronome distingué braquant sa lunette sur le point indiqué, voyait l'astre que le savant français, « sans avoir besoin de jeter un regard vers le ciel, avait si clairement vu au bout de sa plume, » ainsi que le disait son illustre ami M. J.-B. Dumas.

Nous verrons, en parlant de la nature du dia-mant, comment se sont réalisées les prévisions de Newton.

Éclat. — Le diamant est sans doute le miné-ral qui a le plus d'éclat. Il est si distinct, que les minéralogistes allemands ont créé un mot pour le désigner, celui d'*éclat adamantin*. Cette remarquable et précieuse qualité est la principale cause de sa beauté. Cet éclat est dû à la réunion de plusieurs circonstances favorables.

D'abord à la manière puissante et particulière dont ce corps réfléchit la lumière.

On sait que la lumière passe à travers les corps transparents; ceux-ci sont brillants lorsque leur surface, au lieu de laisser passer toute la lumière, en réfléchit une partie. La quantité de lumière renvoyée par la surface d'un de ces corps est d'autant plus grande que les rayons y tombent plus obliquement, et que la réfraction qu'ils éprouvent en le traversant y est plus forte. Or, le diamant, qui est combustible et en même temps très dense a, comme nous l'avons déjà vu, une force de réfraction très grande; en d'autres termes, plus la densité du milieu réfléchissant diffère de celle de l'air ambiant, plus aussi le nombre des rayons réfléchis est considérable, et, en outre, plus les densités des deux milieux sont différentes, plus la lumière s'infléchit en passant dans le second milieu; or, c'est de la différence entre l'angle d'incidence et celui de réfraction que dépend la quantité de lumière réfléchie. Cette différence est très grande dans le diamant, où elle dérive non seulement de sa densité, mais aussi de sa nature; aussi les rayons réfléchis sont-ils très nombreux : c'est ce qui donne un éclat si vif à sa surface.

Il jouit en outre d'une assez grande force de dispersion, c'est-à-dire de la faculté de décomposer, avec divergence, les rayons de lumière qui le pénètrent, et de lancer dans un grand nombre de directions les couleurs les plus variées et les plus vives.

Lorsqu'un faisceau de lumière rencontre obliquement une des faces d'un milieu diaphane, terminé par deux surfaces planes polies et inclinées entre elles, ce qu'on appelle *prisme* en optique, l'image qui sort de l'autre face se trouve allongée et colorée des plus vives nuances de l'iris : on dit que les rayons divergent les uns des autres en traversant le prisme. Lorsqu'ensuite ils repassent dans l'air, ils sont repliés de nouveau par l'effet de la réfraction, ils continuent de diverger, et on appelle « dispersion » la quantité de cette divergence, ou, si l'on veut, la grandeur de l'angle que font entre eux les rayons extrêmes. On a calculé que la force de dispersion du diamant est à celle du quartz comme 7 est à 3.

Il y a donc trois propriétés de la lumière qui concourent à l'éclat du diamant : la réfraction, la dispersion et la réflexion, d'où naissent et l'irisation des rayons émergeants, et l'éclat de la surface. Ces sortes d'actions du diamant sur la lumière sont assez puissantes pour donner un éclat particulier et même déjà très remarquable aux diamants débarrassés de leur gangue. Mais cet éclat est considérablement augmenté par la taille, qui fait naître sur la surface de ce corps une multitude de facettes inclinées dans tous les sens, de telle sorte disposées, qu'un point lumineux est multiplié par le nombre de ces facettes. Le poli qu'on sait lui donner contribue aussi beaucoup à augmenter son éclat. Il en sera parlé plus longuement au chapitre de la taille.

Couleurs. — Le carbone cristallisé, c'est-à-dire le diamant pur, est entièrement blanc. Mais dans la plupart des cas on le trouve avec une teinte qui, presque toujours, diminue sa valeur. Au Brésil, le blanc pur ne se trouve guère que dans la proportion d'un quart; les trois autres quarts sont de couleurs les plus variées et les plus mélangées. Au Cap, au contraire, le blanc est rare, mais les teintes sont moins nombreuses, et elles peuvent toutes être comprises dans les nuances que présente le jaune. A ce caractère particulier des diamants du Cap il faut joindre celui de la dimension : nulle part on n'a jamais trouvé en si grande quantité d'aussi grands cristaux.

Au temps de la domination portugaise au Brésil, un esclave devenait libre lorsqu'il trouvait un diamant de 17 carats 1/2. Au Cap, l'esclavage se serait aboli tout seul si chaque diamant de 17 carats trouvé dans les terrains diamantifères avait fait un homme libre. Certains cristaux des mines du Cap atteignent des proportions considérables. Ces diamants sont presque tous teintés de jaune : c'est ce qui diminue énormément leur valeur ; mais cette nuance disparaît à la lumière du gaz et des bougies, à laquelle ils prennent le même éclat que les blancs purs. Il n'en est plus de même à la lumière électrique, où le jaune se distingue très facilement du blanc. Ce phénomène n'est pas exclusif au diamant. Qui ne sait que les gants de couleur paille-clair sont, à la lumière des lampes et du gaz, d'un blanc plus agréable que ceux qui sont d'un beau blanc à la lumière du soleil?

C'est que la lumière des bougies, des lampes et du gaz, analysée, comme l'avait fait Newton pour la lumière solaire, au moyen du prisme, est incomplète, toute portée du côté rouge, faible ou nulle du côté du violet. Cette lumière nous paraît jaune à côté de l'arc électrique ; les objets de cette même nuance qui y sont plongés ne nous paraissent blancs que par analogie, car la vérité est que le blanc devient jaune, ce qui n'arrive pas pour la lumière électrique, qui est blanche et presque aussi riche que celle du soleil.

On a souvent classé les diamants suivant leur couleur et la valeur commerciale qu'elle leur donne. Long serait l'inventaire de toutes les nuances que présente ce cristal merveilleux. Il serait aussi difficile de classer les diamants colorés suivant leur valeur, celle-ci étant tout à fait arbitraire et dépendant d'une multitude de circonstances, parmi lesquelles il faut nommer la rareté. Certains diamants colorés surpassent quelquefois le prix des diamants blancs les plus limpides. Ces derniers, cependant, sont les seuls qui puissent avoir une valeur à peu près déterminée dans le commerce.

Les diamants roses sont les plus recherchés, et cependant le diamant bleu de M. Hope, unique dans sa beauté, a une valeur inappréciable. Un fait constant est que, pour qu'une couleur donne de la valeur à une pierre, elle doit être pure et vive, ce qui est fort rare. Nous reproduisons ici un tableau que nous empruntons au Traité de M. Barbot sur les pierres précieuses. Toutes les nuances intermédiaires n'y sont pas notées, mais elles peuvent facilement y prendre rang.

1° *Incolore*, limpide, blanc, reflets d'acier poli (adamantin) ;
2° — — blanc de neige (grande 1re eau) ;
3° — — blanc (1re eau) ;
4° *Coloré*, — blanc, nuancé jaune, rouge, bleu (1re seconde eau) ;
5° — — blanc, teinté jaune ou vert (2e eau) ;
6° — — blanc grisâtre, jaunâtre ou verdâtre (3e eau) ;
7° — — jaune orange ou serin (fantaisie) ;
8° — translucide, jaune de topaze du Brésil (fantaisie) ;
9° — — vert foncé ou jaune épais ;
10° — — rouge de brique mate ;
1° — — rouge ponceau ;
12° — presque opaque, bleu sale ;
13° — — vert bouteille foncé ;
14° — — brun ou noirâtre ;
15" — opaque, noir de jais (carbonado).

Nous avons déjà dit que le carbone pur cristallisé est blanc. Les couleurs du diamant sont dues à des corps étrangers, à des oxydes plus ou moins métalliques.

Dans ses études de synthèse minérale, M. Frémy, de l'Institut, voulut colorer les cristaux d'alumine que d'autres savants avaient obtenus déjà. Il y parvint et obtint des rubis et des saphirs, en masses suffisantes pour être employées dans l'horlogerie et pour se prêter à la taille des lapidaires.

L'alumine cristallisée avait donné des cristaux blancs de corindon ; il ajouta à l'alumine 3 p. 100 de bichromate de potasse, et il obtint le rubis rose. Il arriva à la coloration bleue du saphir en mélangeant à l'alumine et au bichromate de potasse une petite quantité d'oxyde de cobalt. Nous avons nous-même répété ces expériences.

C'est d'ailleurs par le même procédé qu'on colore les cristaux de strass.

Ce n'est que par la synthèse qu'il sera permis de résoudre certaines questions relatives à la formation des substances minérales que l'analyse laisse indécises. C'est le cas du diamant, dont la couleur trouve une explication dans les expériences de M. Frémy : elle provient de matières étrangères qui se trouvaient dans le milieu qui l'a formé. Cette assertion se trouve confirmée par ce fait constant que les diamants de couleur différente ont aussi une densité différente et toujours supérieure à celle du diamant blanc, qui est du carbone pur. C'est ainsi qu'on a, pour les diamants orientaux, les densités suivantes :

Oriental blanc :	3.521
—	vert :	3.524
—	bleu :	3.525
—	rosé :	3.531
—	orange :	3.550

Un fait est encore à noter à propos des oxydes qui colorent le diamant, à savoir : les diamants colorés sont plus combustibles que les blancs, c'est-à-dire qu'ils doivent contenir de l'oxygène en rapport avec l'intensité de leur coloration ; ils

laissent aussi des cendres, dont la quantité varie
dans la même proportion.

On a essayé de décolorer le diamant.

M. Barbot, dit-on, est arrivé au moyen d'in-
grédients particuliers et très énergiques, aidés
d'un calorique approprié, à enlever au diamant
ses diverses couleurs. Mais ce résultat n'est possible que lorsque les couleurs ne sont qu'exté-
rieures. Il avoue lui-même que souvent tout
traitement a été inutile : c'est sans doute lorsque
les oxydes colorants font partie intégrante des
molécules du cristal, c'est-à-dire presque toujours.

Des hommes, d'ailleurs éminents par leur savoir, ont cru à la possibilité de cette découverte
et par conséquent à l'action de certains agents
chimiques sur le diamant; fait en flagrant délit
d'opposition avec la science.

Le réducteur inconnu, l'ingrédient chimique
puissant qui attaque le diamant, qui le réduit
à volonté, sans lui faire perdre sa forme, dont
M. Barbot est l'inventeur, c'est le même qui a
servi pour l'analyse de ce curieux cristal aux
Lavoisier, aux Humphry Davy, aux Guyton,
aux Tennant, aux Allen et Pepys, aux Dumas :
c'est la chaleur.

Depuis de longues années, et bien avant que
M. Barbot n'en eût parlé, les mineurs, au Brésil,

savaient réduire le diamant à volonté. Actuellement encore on pratique cette opération pour donner aux diamants, couverts d'une couche colorée et opaque, leur limpidité afin que l'acheteur puisse s'assurer s'ils ne contiennent point un de ces défauts qu'on appelle crapauds, ou nuages. Sans doute ils ne vont jamais aussi loin que M. Barbot, qui a ainsi réduit à la plus simple expression quelques milliers de carats, dans un but louable et utile d'ailleurs; mais cela ne dépend que de leur volonté, car l'agent réducteur est là pour continuer son œuvre, et cet agent c'est le feu seul; le salpêtre dont ils se servent n'intervient, selon les mineurs, que pour mettre les cristaux à l'abri de l'air; sans cette précautions ils se couvriraient d'une couche opaque, d'une espèce de givre qui serait un résultat opposé à celui cherché. En réalité, le nitre intervient comme corps oxydant, par suite de la facilité extrême avec laquelle il cède son oxygène.

Un fait de coloration qui peut intéresser est celui soumis à l'Académie des sciences de Paris par MM. Halphen, qui présentèrent à la savante compagnie un diamant du poids de 4 grammes, d'un blanc légèrement teinté de brun à l'état naturel. Lorsqu'on le soumettait à l'action du feu, il prenait une teinte rosée très nette qu'il conservait pendant huit à dix jours et qu'il per-

dait peu à peu pour revenirà sa couleur normale
primitive. Cette modification avait été réalisée
plusieurs fois. Si la coloration rose avait pu de-
venir permanente, la pierre, qui avait à cette
époque une valeur de 60,000 fr., aurait triplé
de prix. Quelques jours plus tard, M. Gallardo
Bastand expliquait ainsi ce phénomène :

« Le diamant jaunâtre est un composé de carbone et de fluorure d'aluminium, et sa couleur
jaunâtre se change en couleur de rose ; ce même
phénomène s'observe avec la topaze, qui est un
composé d'alumine, de silice et d'acide fluorique,
et dont la couleur jaunâtre se change en couleur
de rose à une température élevée. Ce changement
de couleur a pour origine l'absorption de l'acide
carbonique ; l'analyse accuse en effet des traces
de ce gaz. »

III.

Les anciens alchimistes croyaient que la
pierre philosophale était faite de la matière la
plus vile possible. Ce doit même être sous ce
prétexte que plus d'un personnage gênant a été
brûlé.

La nature semble avoir été de l'avis des alchimistes en produisant les gemmes les plus
belles avec les substances les plus viles.

Il serait plus curieux qu'utile de voir tout ce qu'on a pensé et écrit sur la composition des pierres précieuses depuis Aristote jusqu'à Boëce de Boot. Nous rappellerons seulement que l'éclat du diamant avait tellement frappé les anciens qu'ils croyaient qu'il le tenait du soleil ; aussi disaient-ils qu'on ne le trouve dans aucun pays froid et qu'il n'est nulle part aussi beau qu'en Orient, ce pays du soleil. Nous appelons encore orientales les gemmes de premier ordre, celles de première beauté par leur pureté et leur eau, quel que soit le lieu de leur origine ; on désigne sous le nom d'occidentales celles de second ordre. Ce n'est cependant pas l'Orient exclusivement qui produit les premières.

Il n'y a aucun ingrédient chimique qui attaque le diamant.

Les savants jusqu'à ce jour n'ont pu l'analyser qu'en le brûlant.

Pline, qui a résumé avec le charme que l'on sait, dans son Histoire de la nature, tout ce qui avait été dit avant lui (et que n'avait-on pas dit sur le diamant!), raconte comment on croyait, non seulement que le diamant résistait à l'action du feu, mais encore que les plus hautes températures ne parvenaient même pas à le chauffer. Cette opinion eut cours jusqu'au dix-septième siècle. Pour tous les chimistes anciens :

les De Born, les Pott, les Scopoli, les Cartheuser, les Dollersdorf, le diamant était apyre.

Le premier, Boëce de Boot, en 1609, soupçonna que ce minéral pouvait être inflammable. Plus tard, en 1673, au rapport de Henckel, Boyle, conseillé probablement par quelque alchimiste, tira de son trésor plusieurs pierres précieuses pour les livrer à l'action du feu. Un tel combustible devait produire des vapeurs insolites, des senteurs extraordinaires et des cendres magiques. On raconte tout au moins qu'on vit s'élever des vapeurs âcres et abondantes.

Il était impossible qu'on s'arrêtât là; il était né de cette expérience trop de chimères pour qu'on ne la renouvelât pas, et c'est en cela seulement que Boyle a été utile à la science. Elles se succédèrent en effet assez rapidement. En 1694 et en 1695, les célèbres Averani et Targioni, de l'Académie del Cimento, sous l'instigation du grand-duc de Toscane, Cosme III, brûlèrent de nouveau le diamant, à Florence, par la chaleur solaire concentrée à l'aide de la lentille Tschirnaussen. A peu d'intervalle, la même expérience se faisait à Vienne en présence de l'empereur François Ier, mais cette fois au moyen d'un feu de forge violent et longtemps soutenu.

Le premier qui en France répéta ces expériences, ce fut M. Arcet; il n'employa qu'un simple fourneau à coupelle ordinaire.

Macquer ensuite observa que le diamant en brûlant répand une belle flamme, formant autour de lui une auréole très sensible.

Ainsi ce minéral indomptable, non seulement était attaqué par le feu, mais à l'opposé de l'or, de l'argent, des métaux et des autres pierres qui se liquéfient et se vaporisent ou se désagrègent par la chaleur, il brûlait comme du bois, comme du charbon, sans perdre sa forme, et, chose surprenante, il ne laissait point de cendres. Ce cristal, le plus précieux, le plus beau, le plus recherché des joyaux, après avoir été regardé pendant des siècles comme incombustible, devait offrir le phénomène de combustion le plus curieux et le seul qui soit connu.

Nous savons aujourd'hui qu'il brûle entouré d'une flamme en forme d'auréole dont la lueur est très vive; que cette flamme n'est qu'extérieure, comme celle du liége, de sorte qu'on pourrait le réduire à sa plus simple expression, sans qu'il ne perdît rien de sa forme primitive. Lorsqu'il est près de brûler, il n'est nullement fluide, mais seulement boursouflé et plus gros qu'il n'est réellement.

Une température de 1,350 à 1,500 degrés centigrades, suffit pour vaporiser cette substance apyre par excellence pour les anciens, tandis qu'il faut une chaleur de 1,500 degrés pour fondre le fer doux, bien connu depuis une haute antiquité.

Il est tout à fait incombustible à l'abri de l'air ; il brûle par contre très facilement dans le nitre qui, en lui fournissant abondamment de l'oxygène, active sa combustion.

Le diamant était donc reconnu comme combustible par des expériences précises. Il avait aussi été présumé tel par l'admirable prévision de Newton. Mais aucune de ces expériences n'avait encore fait soupçonner aux minéralogistes sa véritable nature. On ignorait encore la cause et le résultat de cette combustion.

Il appartenait au créateur de la chimie moderne, à l'immortel Lavoisier, d'ouvrir la voie à cette suite innombrable d'expériences excessivement remarquables, qui ont enfin dévoilé la composition de ce minéral sur lequel, depuis la plus haute antiquité jusqu'à nos jours, on avait formulé des opinions si hasardées et si différentes.

Lavoisier, le premier, fit brûler ce corps, à l'aide de l'oxygène dans un vase clos. Le gaz, après la combustion, précipitait la chaux ; c'était certainement de l'acide carbonique. Le grand chimiste ne tira cependant de ce fait aucune induction précise sur la nature du diamant. Smitson Tennant, après avoir brûlé ce minéral, mélangé à du nitre, dans un vase d'or, fermé à un bout et portant, adapté à l'autre, un tube en verre pour recevoir le gaz, fut le premier à conclure, en 1797, que le diamant n'est composé que de charbon qui ne diffère de l'état ordinaire de cette substance que par sa forme cristalline.

Guyton de Morveau, partant de ces données, tirait de ces recherches la même conséquence. On sait que l'acier est du fer combiné avec une portion de carbone, variant de 0,8 à 1,8 p. 0/0. On a recours à deux procédés différents pour l'obtenir. L'un d'eux, qui produit l'acier de cémentation, consiste à chauffer fortement le fer avec du charbon ; Guyton de Morveau remplaça le charbon par la même quantité de poussière de diamant et obtint de l'acier. Le diamant était donc du carbone.

La science paraissait définitivement fixée sur la nature de ce corps, lorsque la constatation de certaines propriétés physiques de cette gemme semblèrent infirmer les données de l'analyse. On avait trouvé que la puissance réfractive du diamant, déterminée par Newton, était presque double de celle du carbone. Cette différence énorme et anormale dans la puissance de réfraction d'un même corps, ne pouvait s'expliquer par la condensation seule du carbone. Il fallait, pour se rendre compte de ce phénomène, admettre dans ce cristal la présence de l'hydrogène qui possède la propriété d'élever les puissances réfractives des corps combustibles à un degré bien supérieur à celui que donne le rapport de leur densité.

Deux chimistes, également éminents, recommencèrent leurs recherches à ce point de vue qui présentait un intérêt nouveau et vraiment scientifique. Si le diamant contenait la plus petite quantité d'hydrogène, il est certain qu'en se dégageant, dans un courant d'oxygène, de la matière avec laquelle il est en composition, il s'unirait à ce gaz pour former de l'eau. Umphry Davy avait employé un appareil propre à faire connaître la plus légère trace d'humidité, moins d'un millième de gramme d'eau. Le charbon sec, lui-même, produisait un peu d'humidité à cet appareil en brûlant ; mais le diamant ne donna que de l'acide carbonique pur.

Il fallait bien se rapporter à une analyse aussi scrupuleuse ; désormais la composition du diamant était précisément connue.

D'autres hypothèses furent cependant émises. Des faits inexpliqués permirent de croire qu'il contenait de l'oxygène. Ce gaz avait pu échapper aux analyses précédentes : c'était sinon vraisemblable, au moins possible.

Il était réservé à un chimiste français, le maître incontesté de toute une génération de savants illustres, de répandre un dernier trait de lumière sur cette question et de fixer irrévocablement la science à ce sujet.

Jusque-là tous les savants avaient cherché ce que devenait un volume de gaz oxygène converti par le diamant en acide carbonique. M. Dumas, aidé de M. Stas, voulut déterminer, au contraire, combien un poids connu de diamant donne d'acide carbonique en poids. Ou, en d'autres termes, il s'agissait soit de retrouver jusqu'à la dernière molécule du gaz que produirait la combustion et d'obtenir par la pesée de ce gaz le poids exact du diamant brûlé. C'est cette expérience si remarquable et si concluante que nous sommes heureux de pouvoir citer autant pour couper court à tant de suppositions légères sur la composition de ce cristal, que pour offrir un modèle de la précision qu'une prévoyance savante peut atteindre dans l'analyse. Les études préliminaires, comme les expériences définitives, ont été de la concordance la plus parfaite et la plus rare.

Les expérimentateurs introduisirent le diamant dans un tube en porcelaine où il était chauffé à l'incandescence et au travers duquel passait un courant d'oxygène sec et pur.

En sortant de l'appareil, le gaz traversait des condenseurs qui arrêtaient l'acide carbonique, et qui laissaient passer l'excès d'oxygène. Quelques précautions étaient indispensables, et elles ont fait l'objet d'un long et minutieux examen.

« Il fallait d'abord que l'oxygène fût entièrement dépouillé d'acide carbonique. A cet effet, on le recueillait dans un lait de chaux, et on le faisait arriver dans l'appareil même en le déplaçant à l'aide de l'eau de chaux instillée goutte à goutte. En outre, le gaz traversait un tube de 1 mètre de longueur et de 3 centimètres de diamètre, plein de pierre ponce, en gros fragments imbibés de potasse liquide caustique. Pour priver le gaz d'eau, on le faisait passer sur des fragments de potasse solide, puis sur des fragments de verre imprégnés d'acide sulfurique, et enfin dans un tube de quelques centimètres de long, rempli de pierre ponce en grains, humectée d'acide sulfurique bouilli.

« Ces précautions prises, on a pu faire passer pendant quinze heures un courant de gaz rapide au travers de l'appareil, sans que des tubes qu'on y ajoutait et qui étaient propres à absorber l'acide carbonique ou l'eau aient éprouvé la moindre altération de poids qui fût appréciable à une balance sensible au milligramme. Nous étions sûrs, par conséquent, de retrouver les plus légères traces d'eau qui auraient pu se former aux dépens de l'hydrogène appartenant aux matières charbonneuses que nous nous proposions de brûler.

« Restait à s'assurer que nous pourrions recueillir sans perte la totalité de l'acide carbonique qui allait se former. Quelques essais nous ont donné la plus entière conviction que sa condensation pourrait être complète. En ajustant en effet, au tube où s'effectue la combustion, un condenseur rempli de potasse liquide concentrée, on arrête la plus grande partie de l'acide carbonique, c'est-à-dire les 99 centièmes environ. La petite portion qui échappe est, il est vrai, la plus difficile à recueillir, par la raison qu'elle est mélangée avec une grande quantité d'oxygène qui empêche son absorption. Cependant il nous a été facile de nous convaincre qu'en faisant passer le gaz successivement dans 5 tubes en U de 30 ou 40 centimètres de long, pleins de pierre ponce, humectée de potasse liquide, les trois derniers ne changent pas de poids pendant la durée de l'expérience. L'acide carbonique, échappé au condenseur rempli de potasse liquide, s'arrête presque entièrement dans le premier tube en U ; le second ne gagne que quelques milligrammes. »

Pour éviter toute production d'oxyde de carbone, on faisait passer le gaz qui sortait du tube en porcelaine au travers d'un long tube en verre dur, plein d'oxyde de cuivre chauffé au rouge.

« L'appareil, ainsi disposé, est éprouvé; on ouvre ensuite un des bouts du tube en porcelaine ; on y pousse la nacelle chargée de la matière à brûler, on referme et on commence l'expérience.

« La première fois que nous avons brûlé du diamant, nous l'avons fait peser par une personne étrangère à nos expériences ; nous ignorions son poids. Nous avions agi sur des éclats de diamant, autant pour essayer les appareils que pour faire une première expérience. La combustion finie, nous avons trouvé 2,598 d'acide carbonique, et nous en avions conclu que le diamant brûlé pesait 708 milligrammes.

« A cet énoncé, la personne qui avait pesé le diamant fut déconcertée, elle en avait mis 717 milligrammes dans la nacelle. Nous lui annonçâmes aussitôt qu'elle trouverait 9 milligrammes de résidu dans la nacelle, et celle-ci contenait, en effet, 9 milligrammes de fragments de topaze du Brésil.

« C'est pour éviter ces mélanges accidentels que, dans les autres expériences, nous avons toujours opéré sur des cristaux volumineux et parfaitement reconnus comme diamant par M. Halphen. Aussi cet accident ne s'est-il plus présenté. Dans notre première expérience, nous avons été surpris de l'extrême facilité avec laquelle le diamant brûlait. Le diamant se montrait bien plus combustible que le graphite artificiel. Nous pensions que cela pouvait dépendre de la division des petits éclats employés.

« En brûlant quatre ou cinq gros cristaux, la formation de l'acide carbonique est si rapide que tout l'oxygène est converti en acide carbonique. »

Cette combustibilité du diamant, supérieure à celle du graphite artificiel, réveilla des doutes relatifs à la présence de l'hydrogène dans ce premier minéral. C'est vers ce point particulier, qui avait déjà préoccupé Humphry Davy, que les éminents chimistes dirigèrent leurs recherches d'une manière toute particulière. Voici leur conclusion :

« Nous pouvons affirmer de la manière la plus formelle que la quantité d'eau qui proviendrait de la combustion de 1,500 milligrammes de diamant n'est pas appréciable à une balance qui accuse très aisément le milligramme.

« Le diamant ne peut donc pas contenir 1/12000 d'hydrogène. »

Nous sommes donc loin de l'induction de Biot et d'Arago, qui pensent que le diamant doit contenir 0,35 environ de son poids d'hydrogène pour que sa composition soit en rapport avec sa puissance réfractive.

Semmler, chimiste allemand, a prétendu que le diamant n'est que de l'acide carbonique. Il s'appuyait sur ce fait observé par Brewster que certains cristaux contiennent souvent de l'acide carbonique. Ce serait cet acide cristallisé qui formerait le diamant.

Toutes ces suppositions sont au moins inutiles après les expériences de MM. Dumas et Stas. Ils n'ont pas seulement démontré que le diamant ne donne que de l'acide carbonique, ils ont encore établi d'une manière précise, par la synthèse, la composition du gaz carbonique et ont pu préciser le poids d'acide carbonique que doit donner un poids déterminé de diamant pur.

Quelles que soient les théories que l'on émette, quels que soient les faits qui restent inexpliqués, après les expériences de M. Humphry Davy et de MM. Dumas et Stas, on doit conclure que le diamant est du carbone pur.

Tous les diamants qu'ont brûlés MM. Dumas

et Stas, environ 12 grammes, ont laissé un résidu, une sorte de cendre formant un réseau spongieux d'une teinte jaune rougeâtre, en parcelles cristallines tantôt colorées, tantôt incolores.

Ces matières, que M. Elie de Beaumont et M. Dumas n'hésitent pas à appeler minérales, n'étaient pas adhérentes, avant la combustion, au diamant employé; elles appartiennent bien au cristal lui-même. Nous avons déjà vu que la densité des diamants varie avec leur coloration. La quantité des cendres varie aussi entre le diamant blanc et le diamant coloré. Il n'y a pas de doute que les diamants blancs d'une pureté parfaite brûlent sans laisser de cendres, tandis que les diamants colorés ou impurs en laissent dans une proportion qui varie entre une partie pour 2,000 de diamant et une partie pour 500. Ces cendres se composent de silice, d'oxyde de fer et quelquefois, lorsqu'on les examine au microscope, on distingue des réseaux hexagonaux foncés ressemblant au parenchyme des plantes.

Ces matières ont-elles été emprisonnées entre les lames du diamant comme des certificats d'origine que la nature aurait voulu fournir à l'homme?

Il est certain que de la détermination précise de ces substances doit ressortir, comme conséquence, l'origine géologique du diamant si vainement cherchée jusqu'à ce jour.

IV.

Si la science est fixée sur la nature, elle n'a aucune donnée certaine sur l'origine de ce cristal.

Buffon, qui savait que le diamant se trouve dans les terrains quaternaires, qu'en géologie on nomme plusiaques, parce qu'ils sont riches en topazes, émeraudes, rubis, or, platine, pensait qu'il n'était, comme certaines gemmes, qu'une terre végétale cristallisée.

D'Orbigny, Berzélius et Brewster semblaient croire que le diamant était du carbone produit par des matières organiques en décomposition. Et comme Brewster avait observé que le diamant réfracte la lumière tout autour d'une cavité primitive, qu'on y retrouve quelquefois, on crut que le carbone s'était durci peu à peu autour d'une bulle d'air qui, par une réaction sur les molécules de la couche enveloppante, avait rendu cette couche, ou son noyau, plus réfractaire. Bertzhold, qui a écrit un mémoire pour servir à l'histoire du diamant, vint corroborer encore cette opinion par une étude plus ou moins sérieuse des cendres de ce minéral.

On a déjà vu ce que sont ces cendres. Il est

certain qu'elles peuvent et qu'elles doivent nous
révéler un jour l'exacte connaissance des gîtes
géologiques de ce minéral. Nous y reviendrons
au chapitre qui parlera des gisements diamantifères.

V

Après que les chimistes eurent découvert que
le diamant n'est que du charbon cristallisé, on
essaya de répéter dans les laboratoires le travail
de la nature. Celle-ci, jusqu'à ce jour, a gardé
son secret. Il ne sera cependant pas sans intérêt
de suivre d'une manière méthodique ces travaux
qui, il faut le dire, n'ont pas été inspirés seulement par les bénéfices énormes qu'une heureuse
réussite pourrait procurer à l'inventeur, mais bien
plutôt par une noble ardeur, par ce désir puissant
de connaître qui retient le savant dans la solitude
de son cabinet où le corps s'étiole au profit de
l'intelligence qui grandit, qui le stimule dans
le laboratoire où il arrache à la nature ses secrets, qui pousse l'homme à travers les océans
et les mers, dans les terres inexplorées des brû-
lantes régions tropicales ou des glaces polaires,
dans les obscures profondeurs des abîmes où il
étouffe, dans les hauteurs éthérées qui l'as-
phyxient.

Autant il y a eu de théories sur la formation

du diamant, autant on a imaginé de procédés pour arriver à sa reproduction artificielle. Il ne se passe pas d'année sans que l'Académie des sciences ne reçoive des recettes pour la fabrication de cette précieuse gemme. Les alchimistes n'avaient, sans doute, pas imaginé plus de moyens pour une recherche célèbre, but de tous leurs travaux. Et, certes, celui-là aurait bien trouvé la pierre philosophale qui arriverait à produire le diamant à volonté.

L'intérêt commercial serait certainement atteint par une telle invention. Le prix d'une marchandise étant en raison inverse de l'offre, et le haut prix du diamant provenant de sa rareté et de la dépense énorme que nécessite son extraction des terrains qui le contiennent, il est évident que sa valeur commerciale serait singulièrement amoindrie; la perte incalculable que causerait, non seulement aux commerçants, mais à tous les détenteurs de diamants cette découverte serait à peine compensée par l'agrément qu'il y aurait à voir briller à toutes les oreilles ces soleils étincelants et à admirer sur toutes les épaules ce roi des bijoux, ce bijou des rois.

Sous le rapport scientifique, tout serait avantage: les fruits d'une telle invention, les progrès qu'elle ferait réaliser sont incalculables.

On sait de quelle utilité a été à l'astronomie

la découverte des lunettes. Quel essort ne prendrait pas cette science, et avec elle beaucoup d'autres, le jour où il serait donné à l'homme de plonger ses regards, sinon dans les myriades de soleils qui sont semés dans l'espace, au moins dans les planètes, ces sœurs de la terre. Déjà on a obtenu des rapprochements considérables. L'observatoire de Paris possède, depuis 1875, un télescope avec un miroir du système Foucault, qui permettrait d'obtenir un grossissement de 2,400 diamètres; c'est-à-dire qu'on verrait la lune comme si elle était à trente lieues seulement de la terre. Dans l'état actuel de tels grossissements sont impraticables, car la vision est trouble. Tout changerait le jour où l'on pourrait construire des lentilles avec le diamant, le plus transparent, le plus réfringent et le plus dur des cristaux. Déjà on a obtenu des résultats admirables en construisant pour microscopes de très petites lentilles achromatiques en diamant. Les grossissements obtenus sont tout à fait surprenants, mais les seuls qui soient pratiques n'ont guère plus de mille diamètres. On pourrait les augmenter indéfiniment en augmentant sans mesure le pouvoir de l'oculaire et de l'objectif, mais l'intensité de l'image est en raison inverse du grossissement; on ne peut avantageusement augmenter celui-ci qu'en rendant plus intense la lumière qui éclaire l'objet. Seul le diamant pourrait satisfaire à ces conditions; sa fabrication en grandes masses ferait faire un progrès immense à l'étude de l'infiniment petit, et c'est là qu'est l'avenir de la science, c'est là qu'est la clef des grands problèmes que l'homme résoudra un jour.

Le diamant est du charbon cristallisé; c'est un fait certain. Le charbon est la substance la plus ordinaire; on peut opérer sans difficulté sur des masses énormes. Voilà donc une industrie dont le produit serait la chose la plus précieuse qui existe et dont la matière première serait la plus commune et la plus abondante; il suffirait de la cristalliser.

Dans les laboratoires on obtient la cristallisation d'une infinité de substances par deux procédés divers : par voie sèche et par voie humide. Dans le premier cas, on volatilise le corps par la chaleur dans un vase clos, et on voit les vapeurs se condenser sur les parois du récipient et prendre, en se solidifiant, une forme cristalline. Par voie humide, on fait dissoudre le corps à cristalliser dans un liquide, qui l'abandonne ensuite par refroidissement ou évaporation. On pourrait ajouter encore à ces deux procédés celui électro-chimique.

Chacun de ces moyens a été essayé pour la reproduction du diamant.

Avant les belles expériences de M. Despretz, tous les physiciens considéraient le charbon comme un corps fixe et infusible. M. Hare, M. Silliman, M. West, M. Lardner Vanuxem avaient bien cru en obtenir la fusion, mais il continuait à être réputé infusible. Quelques-uns des savants précités avaient d'ailleurs dû avouer que les petits globules brillants semblables à des cristaux, qu'ils avaient considérés comme le résultat de cette fusion, n'étaient vraisemblablement que du verre provenant des cendres du charbon qui contenaient de la silice, de la potasse et des phosphates.

M. Despretz parvint à courber, souder et fondre le charbon.

Au mois de juillet 1849, l'habile physicien trouvait que le charbon est volatil directement à la température que peut donner une pile Bunsen de 600 éléments réunis en plusieurs séries parallèles.

Mais les vapeurs du charbon ainsi obtenues venaient se déposer sur les parois du vase qui les contenait, non en formes cristallines, comme cela arrive pour le camphre, l'arsenic, l'iode et plusieurs autres corps, mais bien à l'état de graphite. Le graphite volatilisé à son tour ne donnait pas un autre résultat. Le diamant lui-même put être changé en graphite. On tournait dans un cercle où le diamant seul n'apparaissait pas.

Ce n'était donc pas par la volatilisation qu'il fallait essayer d'obtenir le diamant. L'éminent physicien persiste cependant à croire que, puisqu'on obtient par la chaleur de la pile plusieurs corps cristallisés, on arriverait au même résultat pour le charbon si l'on avait des creusets moins fusibles que cette substance, ce qu'on ne possède pas.

M. Becquerel a fait cristalliser plusieurs substances par des procédés électro-chimiques.

M. Despretz eut recours à un procédé semblable, et, le 5 septembre 1853, il put annoncer à l'Académie des sciences de France qu'il avait obtenu du carbone cristallisé, c'est-à-dire des diamants, mais, il faut bien le dire, des diamants invisibles à l'œil nu, invisibles à la loupe même, mais présentant au microscope des pointes paraissant appartenir à des octaèdres et même quelques petits octaèdres reposant sur un sommet du fil de platine sur lequel ils s'étaient formés.

Ces microscopiques cristaux avaient été obtenus par la volatilisation lente produite dans le courant d'induction. « J'ai pris un ballon à deux tubulures, disait M. Despretz à l'Académie,

disposé comme l'œuf électrique ; à la tige inférieure j'ai attaché un cylindre de charbon pur
de quelques centimètres de longueur et de 1 centimètre de diamètre ; j'ai fixé à la tige supérieure une douzaine de fils fins de platine ; j'ai
fait le vide dans le ballon, puis, la distance des
fils au charbon étant de 5 ou 6 centimètres, j'ai
fait passer le courant d'induction de l'appareil
que construit M. Ruhmkorff. L'arc était rougeâtre du charbon à une faible distance du platine ; la partie qui enveloppait l'extrémité des
fils de platine était d'un bleu violet.

« L'appareil a toujours été maintenu dans
cette disposition. Nous avons mis en haut le
faisceau de platine afin de n'avoir pas à con-
fondre de petits éclats de charbon avec les
cristaux qui pourraient se former; la pile se
composait de quatre éléments de Daniell réunis
deux à deux.

« L'expérience a duré plus d'un mois sans in-
terruption, sauf le temps nécessaire pour
recharger la pile. Il s'est posé une légère
couche noire de charbon sur le fil. » Or, nous
l'avons déjà dit, ce charbon, au microscope,
paraît cristallisé. Quelques-uns de ces cristaux
furent remis à M. Gaudin pour qu'il les essayât
à la taille des pierres dures. Voici ce que
M. Gaudin écrivait à M. Despretz :

« Dès que j'ai été en possession du petit fil de platine, long d'un centimètre, mis de côté par vous, comme chargé d'un grand nombre de cristaux microscopiques de forme octaédrique, j'ai ratissé ce fil avec le plus grand soin, sur le milieu de mon plan en cristal de roche, après avoir dépoli sur ce même plan avec de l'alumine à l'eau trois rubis fixés avec la gomme laque, et avoir bien nettoyé le plan, une quantité imperceptible d'huile ayant été ajoutée à la poudre, j'ai reconnu aussitôt un travail franc, tout à fait semblable à celui de la poudre de diamant très fine.

« Au bout de quelques minutes, le damassé des rubis avait disparu, toutes les saillies étaient nivelées, les rubis présentaient, en un mot, une surface parfaitement plane et brillante, telle que je ne l'ai jamais obtenue qu'avec de la poudre de diamant. »

Nous sommes persuadé que les produits obtenus par M. Despretz sont des diamants, mais notre conviction n'est pas légitimée seulement par ce fait qu'ils ont pu polir des rubis; on sait en effet que les lapidaires taillent le corindon non pas toujours avec de l'égrisé ou poussière de diamant, mais souvent avec de l'émeri, ce qui ne veut pas dire que celui-ci soit plus dur ou aussi dur que le rubis.

D'autres ont essayé l'étincelle électrique sur un mélange de gaz acide carbonique et d'hydrogène. On pouvait s'attendre à voir l'oxygène de l'acide s'unir à l'hydrogène pour former de l'eau, le carbone abandonné ainsi à l'état pur se serait déposé en cristaux; les résultats n'ont pas confirmé ces prévisions.

Aux États-Unis, un professeur de chimie a dit avoir obtenu de petits cristaux, toujours microscopiques, en chauffant de la plombagine au chalumeau à gaz hydro-oxygéné. Si le procédé de M. Despretz ne pouvait donner que du carbone, celui-ci pouvait et devait même donner d'autres corps.

Tels sont les résultats obtenus par la fusion, la volatilisation et le procédé électro-chimique. Les produits obtenus par M. Despretz sont certes encourageants et même concluants pour la science, mais ils sont sans valeur, considérés au point de vue commercial.

On fut moins heureux dans les essais par voie humide.

Et d'abord on ne connaît pas de dissolvant au charbon. Si on en trouvait un, il n'est pas certain, comme le pense M. Dumas, que le carbone se cristallisât en s'évaporant.

On a toutefois essayé l'effet des réactions lentes sur des compositions liquides de carbone.

C'est ce procédé qu'a employé M. Gannal. Ses prévisions étaient si fondées que lorsque, en 1828, il adressa à l'Académie des sciences de France son travail sur la formation artificielle du diamant par la précipitation du carbone, le commerce de la joaillerie en fut alarmé. Il pensait que les carbures d'hydrogène, les sulfures de carbone, etc., soumis à l'influence du phosphore, du chlore, du brome, de l'iode, dans des circonstances convenables, pourraient se transformer en acide hydro-chlorique et en carbone, mais lentement pour que celui-ci prît la forme cristalline; si l'opération était pressée, le précipité serait du charbon.

Il obtint en effet, par ce procédé, 20 cristaux, dont quelques-uns visibles à l'œil nu, que M. Champigny déclara d'abord être de vrais diamants. Malheureusement un examen plus sérieux vint bientôt établir le contraire.

Quoi qu'il en soit, ce procédé est intéressant à plus d'un point; nous croyons qu'il a servi aux chimistes anglais qui, dans les premiers jours de cette année, annonçaient que le carbone venait d'être cristallisé dans l'heureux pays qui possède les mines du Cap.

Si ce procédé n'a pu encore donner le diamant il a permis à MM. Henri Sainte-Claire-Deville et Wöhler d'obtenir le bore cristallisé, qui fut appelé par eux bore adamantin ou diamant de bore.

Cette découverte, prônée par la presse, alarma les commerçants de diamants et ceux qui en possédaient.

Tout le monde sait que le silicium et le carbone cristallisent avec une grande perfection. Le bore qui tient le milieu entre ces deux corps n'avait jamais été cristallisé.

MM. Henri Sainte-Claire-Deville, de l'Institut, à Paris, et Wöhler, à Göttingen, séparément d'abord, en commun ensuite, obtinrent du bore cristallisé. Ces cristaux transparents possédaient un éclat et une transparence tels qu'ils n'étaient, sous ce rapport, comparables qu'au diamant. Le corindon, le rubis oriental étaient rayés par le bore avec une grande facilité. M. Voorzanger, à Amsterdam, et M. Guillot, à Paris, le firent servir à la taille des diamants; ils firent noter cependant que l'opération se faisait plus lentement qu'avec la poussière même du diamant, il en fallait une plus grande quantité et enfin la roue qui porte la poudre s'empâtait, ce qui est un indice de dureté moindre que celle du diamant.

On a obtenu trois variétés de bore: la première est en lames d'un éclat métallique égal à celui du diamant, ce bore est noir et opaque; la deuxième se présente sous forme de cristaux limpides et transparents; la troisième enfin, qui est toujours imprégnée d'alumine, est la plus dure de toutes. Chacune de ces variétés contient du carbone que les savants précités considèrent comme y étant à l'état de diamant, car plus la quantité de carbone y est grande, plus la transparence des cristaux paraît augmenter. Or, si le carbone n'y était pas cristallisé, c'est à-dire à l'état de diamant, ce serait l'inverse qui arriverait, puisque quelques millièmes de carbone noir, et peut-être moins encore, suffisent pour donner au verre auquel on les mélange une teinte très foncée.

Ces cristaux, sans être microscopiques sont très petits et toujours colorés. Il est certain qu'ils auraient plus d'un point de ressemblance avec le diamant si on pouvait les obtenir plus grands et tout à fait incolores. Tels qu'on les obtient par le procédé de MM. H. Sainte-Claire-Deville et Wöhler, ils ne sont d'aucune valeur pour le commerce. Ils pourront cependant être avantageusement employés pour la taille des pierres dures.

On prépare le diamant de bore en faisant réagir l'aluminium sur l'acide borique : on met dans un creuset de charbon de cornues 80 grammes d'aluminium en gros morceaux, et 100 grammes d'acide borique fondu, en fragments. Le creuset de charbon est introduit avec de la brasque dans un creuset de plombagine de

bonne qualité, et le tout est mis dans un fourneau à vent qui puisse fondre facilement le
nickel pur. On maintient la température à son
maximum pendant cinq heures environ en
ayant bien soin d’enlever avec un ringard toutes les scories qui embarrassent la grille. Après
le refroidissement, on casse le creuset et on y
trouve deux couches distinctes : l’une nitreuse,
composée d’acide borique et d’alumine ; l’autre
métallique, caverneuse, gris de fer, hérissée de
cristaux qu’on reconnaît facilement à leur éclat :
c’est de l’aluminium imprégné de cristaux de
bore dans toute sa masse. On traite la partie
métallique par une lessive de soude bouillante
qui dissout l’aluminium, puis par l’acide chlor-
hydrique qui enlève le fer, enfin, par un mélange d’acide fluorique et d’acide nitrique pour
extraire les traces de silicium que la soude
aurait laissées.

On est loin encore, comme on l’a vu, du jour
où on pourra livrer au commerce du diamant
artificiellement reproduit. La nature est jalouse,
comme disaient les anciens, elle garde ses secrets. De son côté, la science est infatigable et
aucun ne peut dire quelles sont les limites où
s’arrêtera sa puissance.

CHAPITRE III.

GISEMENTS DU DIAMANT.

I. Observations générales. — II. Mines des Indes. — III. Mines de l'Océanie. — IV. Mines du Brésil. — V. Mines du Cap. — VI. Mines diverses.

I

IL serait d'un intérêt capital de connaître d'une manière précise la formation géologique du diamant, c'est-à-dire de savoir l'époque, le lieu et la manière de sa formation. Les recherches et les conjectures faites à ce sujet n'ont abouti à rien de précis. Si on connaît les caractères géologiques des terrains où on le trouve, on ignore encore la matrice de ce cristal précieux.

On ne l'a rencontré jusqu'ici que disséminé dans des terrains de transport avec des cailloux roulés et d'autres matières provenant de la destruction des roches métamorphiques.

Les terrains de transport s'offrent à nous sous des formes très variées et ne présentent pas toujours les mêmes caractères. La forme la plus habituelle est celle qui porte le nom de *diluvium* parce qu'elle est le produit des eaux. Ces terrains sont caractérisés par leur disposition en longues traînées, affectant la forme des vallées et disposées à droite et à gauche des thalwegs où coulent les rivières ; ils se rencontrent souvent à une hauteur où celles-ci n'ont jamais pu atteindre. Les matériaux de ces nappes d'une grande étendue ont la même composition que les roches encore en place sur les hauteurs d'où coulent les rivières. Les alluvions de la plaine de Paris offrent tous les échantillons des roches riveraines de la Seine, depuis la Bourgogne jusqu'à la Brie. Ces terrains sont presque toujours stratifiés, tandis que d'autres terrains de transport ne le sont presque jamais : ceux-ci sont désignés sous le nom de *terrains erratiques ;* les roches, les graviers, les sables et le limon qui les composent ont été transportés par les glaces : de là vient leur dénomination de terrains glaciaires. La Suisse, par exemple, est, dans sa partie la plus rapprochée de la France, couverte d'une couche composée des mêmes roches qui constituent les hautes montagnes qui l'entourent. Enfin, des études récentes ont conduit à rattacher à des *alluvions verticales* des transports isolés qu'il est impossible de rattacher aux catégories précédentes.

C'est dans ces terrains exclusivement qu'on a trouvé le diamant. Des savants anglais ont bien prétendu que dans la province de Griqualand-West, au sud de l'Afrique, dans les mines de Kimberley, de Dutoit's pan, etc., on avait rencontré le diamant sur place dans une roche volcanique. Mais les matières qui l'accompagnent et qui ont été soigneusement étudiées par un géologue français ne permettent pas d'admettre cette supposition.

Parmi tous les matériaux détritiques auxquels le diamant est mêlé dans les terrains où on le rencontre, il est difficile de discerner ceux auxquels il était associé dans sa matière originelle. Cependant ce cristal ne se rencontre pas seulement dans le lit des rivières ou dans les terrains d'alluvions qui les bordent; il a été rencontré aussi sur les plus hautes montagnes. Au Brésil, sur la rive gauche du Corsego des Rois, dans la Serra Grammagoa, à 43 lieues au nord de Diamantina, on a trouvé dans des grottes le diamant, on l'a rencontré dans les massifs d'itacolumite. Cette rocha, principalement composée de grains de quartz hyalin, fut quelque temps considérée comme la vraie gangue du diamant.

Mais les géologues les plus éminents s'accordent pour ne reconnaître là qu'un gîte secondaire, bien que d'une époque très ancienne. L'itacolumite n'est, en effet, qu'une roche de transition, tandis que le diamant, toujours mêlé à des minéraux qui ont été arrachés aux montagnes anciennes, doit appartenir également à des terrains anciens.

Quoi qu'il en soit, la présence bien constatée du diamant dans les hautes montagnes qui dominent les gisements du Serro-do-frio, comme dans celles qui forment les vallées diamantifères du Jagoaripe et du Paraguassu, au Brésil, permet de croire que ces hautes montagnes en sont la vraie matrice et que l'eau l'a transporté dans les plaines, où on le rencontre accompagné des mêmes roches qui furent son berceau.

Des minéralogistes anglais ont cru reconnaître dans certaines mines du Cap la présence de l'euphotide dans les sables diamantifères. Ils ont supposé que cette roche était la gangue du diamant. Mais la présence même de cette roche dans ces mines a été très sérieusement contestée par M. Stanislas Meunier.

On n'est pas plus fixé sur le mode de formation du carbone cristallisé. On a émis à ce sujet les suppositions les plus étranges. Nous en citerons une qui paraît la plus fondée, soit parce qu'elle explique le plus grand nombre de faits, soit parce qu'on en trouve la réalisation dans la nature. M. de Chancourtois, reprenant la théorie émise déjà par M. Rossi, après M. Boutigny, d'Evreux, assimile la formation du diamant à celle du soufre cristallisé des solfatares. D'après lui, le diamant dérive des émanations hydrocarburées comme le soufre émane des émanations hydrosulfurées.

« Lorsque l'hydrogène sulfuré arrive, par les fissures, à travers les tufs spongieux des solfatares, au contact de l'air atmosphérique, ou de l'air dissous dans les eaux superficielles, l'oxygène se combine avec l'hydrogène, une partie du soufre devient libre et se cristallise. Le carbone du diamant serait isolé d'une manière analogue d'un hydrogène carboné ; l'oxygène se combinant avec l'hydrogène pour former de l'eau laisserait une partie du charbon libre et dans des conditions favorables à la cristallisation, d'où résulterait le diamant. »

Un fait qui doit intéresser les géologues et qui infirme certaines théories, c'est que dans les mêmes districts diamantifères les cristaux de diamant offrent des caractères particuliers qui permettent aux mineurs de les distinguer parfaitement et de préciser, à leur seule inspection, la mine d'où ils ont été extraits. Ce phénomène n'est pas exclusif aux mines du Cap, où l'on prétend qu'il a été formé sur place et où l'on distingue facilement les cristaux d'un puits de ceux du puits voisin; il est commun à toutes les mines du Brésil, où cependant les sables qui le recèlent sont incontestablement des sables d'alluvion.

Il est à remarquer, en outre, que tous les terrains de transport où on le trouve (aux Indes, au Brésil, en Océanie, en Sibérie, en Afrique), bien que situés dans les latitudes les plus différentes, et dans les régions les plus éloignées, présentent presque toujours les mêmes caractères. Le sol est aride, le terrain composé de quartz hyalin amorphe, brisé et mêlé à beaucoup de sable, où l'on trouve, outre le diamant, de l'or, du fer, et parfois du platine, ainsi que des roches péridotiques ou magnésiennes.

Dans l'Afrique australe et à Bornéo, les substances associées au diamant présentent ce caractère particulier, que les roches quartzeuses sont moins dominantes que les roches magnésiennes.

Les pays où on l'exploite sont : les Indes, le Brésil, Bornéo, la colonie du Cap ; on en a trouvé aussi dans les Célèbes, en Sibérie et même en Algérie.

On raconte que parmi les livres dont l'Inquisition permettait l'entrée au Brésil figurait les *Mille et une nuits*. C'est ce livre que se faisaient lire les chercheurs d'or qui trouvèrent le diamant. On se représente encore communément ces aventureux chercheurs pauvres le matin, rentrant le soir riches et puissants, tenant dans leurs mains quelques-unes de ces pierres dont une seule vaut souvent une fortune. Qui n'a rêvé avec convoitise à ces pays lointains où le sol donne en un jour ce qu'on n'obtient pas souvent par une vie de labeurs ; à ces trésors cachés sous les sables brûlants des régions heureuses où les fées ont semé les champs de diamants !

Et cependant les nègres qui les moissonnent restent esclaves, les colons libres qui fouillent le sol béni restent pauvres et, sur des milliers de commerçants que le diamant fait vivre, bien peu arrivent à la fortune. On ignore trop ce qu'a coûté de travaux, de labeurs et de vies cette gemme qui, d'après la croyance vulgaire, a fait autant d'heureux que de mains qu'elle a touchées.

Quoi de plus riche que le diamant ? Quoi de plus vulgaire que le charbon ? Il faudrait des milliers de tonnes de celui-ci pour un gramme du précieux cristal ; et cependant, tandis que les contrées où l'on trouve le premier restent pauvres et désertes, celles qui contiennent des gisements houillers deviennent riches et peuplées : sur le sol s'élèvent des villes opulentes, les chemins de fer se multiplient et la richesse se répand au loin. Les mines de Golconde, de Visapour, du Brésil, ne valent pas un de ces dépôts de charbon malheureusement trop rares dans beaucoup de pays, mais dont la nature a si libéralement doté la Belgique et l'Angleterre, qui, pour cela peut-être, sont les deux plus fortes puissances industrielles de l'ancien monde.

II

MINES DES INDES.

Il est probable que les vrais diamants connus des anciens venaient de l'Inde seule. Quoiqu'on prétende que les mines de ce pays sont d'une exploitation assez récente et que Guettard pense qu'elles ne remontent guère que vers le milieu du XV° siècle, on est fondé à croire que quelques-unes d'entre elles étaient exploitées par les anciens. Le fleuve Mochynady, où tout récemment encore on recueillait des diamants de première qualité, et où on en trouva, en 1818, un qui fut vendu brut à Calcutta 17,500 fr., n'est-il pas l'*Adamas* des anciens? Et ce nom seul n'indique-t-il pas qu'ils y trouvaient des diamants ? C'est en effet par les fleuves et par la mer que les anciens pouvaient être en communication avec ces régions lointaines, mais bien connues. N'est-ce pas en effet le peuple marchand et maritime par excellence qui importa en Etrurie les premiers diamants ? D'autres fleuves des Indes pouvaient en fournir ; plusieurs d'entre ceux qui descendent des Ghattes étaient exploités au commencement de ce siècle.

C'est dans cette partie du monde certainement que l'Europe est allée chercher les siens jusqu'à l'époque où on en découvrit dans le Brésil.

Les mines des Indes sont situées dans les anciens royaumes de Visapour, de Golconde, de Bengale, sur les bords du Gange.

Toutes ces mines de la presqu'île de l'Inde, en deçà du Gange, se trouvaient en général liées et adjacentes à la chaîne des Ghattes, immense barrière granitique s'étendant du golfe de Bengale au cap Comorin.

A cinq journées de Golconde, se trouve la mine de Raolconda ; la terre y est sablonneuse et pleine de roches ; c'est dans le sable qui sépare ces roches qu'on trouve les diamants. A sept journées de la même ville, du côté du levant, est située la mine appelée Coulour, en langue persienne. D'après le récit de Tavernier, on y a compté jusqu'à soixante mille ouvriers, hommes, femmes et enfants. Voici comme on y travaillait : « Lorsqu'on a convenu de l'endroit que l'on veut fouiller, on en aplanit un autre aux environs et on l'entoure de murs de deux pieds de haut, et d'espace en espace on laisse des ouvertures pour écouler les eaux ; ensuite on fouille le premier endroit : les hommes ouvrent la terre, les femmes et les enfants la transportent dans l'autre endroit qui est entouré de murs. La fouille ne vas pas à plus de douze à quatorze pieds, parce qu'à cette profondeur on trouve l'eau. Cette eau n'est pas inutile ; on en puise autant qu'il le faut pour laver la terre qui a été transportée, on la verse par-dessus, et elle s'écoule par les ouvertures qui sont aux pieds des murs ; la terre ayant été lavée deux ou trois fois, on la laisse sécher et ensuite on la vanne. Après cette opération, on bat la terre grossière qui reste, pour la vanner de nouveau ; alors les ouvriers cherchent le diamant à la main. »

Le grand Maréchal d'Anglerre a fait, en 1678, à la Société royale de Londres, une description des mines de la côte de Coromandel qu'il avait visitées. Les mines de diamants, dit-il, sont près des montagnes qui s'étendent depuis le cap Comorin jusque dans le royaume de Bengale.

Il y avait du temps de l'auteur vingt-trois

mines dans le royaume de Golconde. Celle de Colure est, suivant lui, la première qui ait été ouverte dans ce royaume. La terre y est jaunâtre et blanche dans les endroits où il y a quantité de petites pierres qui servent d'indices au mineurs. Les mines de Codardillicub, de Malabar, de Buttephalem, de Ramiah, de Garem, de Muttampellée, de Currure, de Canjecconeta, de Sattawaar présentent les mêmes caractères : terre rougeâtre ou jaunâtre ; le diamant, dont les cristaux sont bien formés et presque toujours octaédriques, s'y trouve à une petite profondeur. Seules les mines de Wasergerrée et de Mannemurg ont jusqu'à quarante et cinquante brasses dans le rocher : la première couche est une pierre dure et blanche, dans laquelle on creuse un puits de quatre, cinq ou six pieds de profondeur pour arriver à une sorte de minerai de fer ; on remplit le trou avec du bois, on y met le feu et on l'entretient dans toute sa force pendant deux ou trois jours, ensuite on l'éteint avec de l'eau ; par ce moyen on rend la pierre moins dure et on creuse de nouveau lorsqu'elle est refroidie, en répétant cette manœuvre ; on enlève la couche de minerai qui a trois à quatre pieds d'épaisseur ; on rencontre une veine de terre qui s'étend sous le rocher au moins deux ou trois brasses ; on enlève cette terre et, si on y trouve les diamants, on creuse jusqu'à l'eau où l'on s'arrête, parce qu'on ne sait l'épuiser.

Il y a eu à Visapour quinze mines ouvertes. La terre de la mine de Ramulconeta est rougeâtre, comme dans les mines de Banugunnapelée, de Pendekul, de Moodanwarum, de Cummerwillée, de Paulkull. Dans celles de Longepaleur la terre est jaunâtre. Toutes ces mines sont ce que l'on appelle des mines sèches. Il y a dans l'ancien royaume de Bengale une rivière appelé Goüel, où on trouvait des diamants. Cette mine nommée Soumelpour est très ancienne, et il est très probable que c'est elle qui fournissait aux Carthaginois les diamants qu'ils vendaient aux Etrusques. En janvier et février, lorsque les eaux sont basses et limpides, les ouvriers remontaient par milliers la rivière jusqu'aux montagnes d'où elle sort. Les eaux sont assez basses pour qu'on puisse distinguer le sable au fond du lit de la rivière et en reconnaître la qualité.

Quand ils avaient choisi l'endroit, ils en détournaient les eaux en faisant une digue avec de la terre, des fascines et des pierres; ensuite ils tiraient le sable jusqu'à deux pieds de profondeur et ils le portaient sur le bord de la rivière, où il était lavé, vanné. Enfin ils y cherchaient le diamant.

C'est Visapour qui a fourni à l'Europe la plus grande quantité de diamants. Ceux qu'on a extraits des mines de Golconde sont moins nombreux, mais ils sont plus beaux et plus grands.

Dans le siècle dernier, les dépôts les plus riches et les plus célèbres étaient ceux de Partéal, situés aux pieds de la chaîne des Ghattes, à environ 20 milles de Golconde. C'est de cette région que sont sortis les plus beaux diamants que l'on connaisse, parmi lesquels il faut nommer le Régent. Les dernières mines exploitées sont dans la province de Dekkan. Parmi les rivières, la plus riche était la Krichnah.

Généralement les diamants étaient envoyés bruts en Europe. La ville de Pamah était célèbre par ce commerce. On a cependant taillé beaucoup de diamants à Golconde où l'on garda surtout les plus belles pierres, circonstance d'autant plus regrettable que cette taille était défectueuse.

Le marché de l'Inde se tient à Bénarès, et une fois par an, au mois d'avril, à Bowanipour, dans la province de Bengale. Il est tout à fait nul en Europe, où on ne vend pas cent carats de diamants des Indes. Il a fallu que S. A. R. le prince de Galles vînt nous éblouir par les richesses rapportées de son voyage dans le vaste empire dont il sera un jour le chef, pour nous rappeler cette antique patrie du diamant.

III

MINES DE L'OCÉANIE.

Vers 1840 on a découvert à Sumatra, dans le district de Doladoulo, des terrains diamantifères. L'île des Célèbes en contient aussi. On en a trouvé même quelque peu à Java, dans les terrains d'alluvions qui s'étendent aux pieds des montagnes Bleues. Bornéo est cependant la seule île de l'Océanie où l'on ait trouvé du diamant en quantité notable ; c'est aussi la seule qui en livre au commerce européen. On évalue à trois mille le nombre de carats de diamants qui s'exportent annuellement de Bornéo.

C'est sur le territoire des possessions hollandaises, dans les environs de Landak, presque exclusivement habité par des Chinois et des Bougis, que se trouvent les plus riches mines de diamants. C'est là qu'on a trouvé le plus gros diamant connu ; il pesait brut 367 carats ; il appartient au rajah de Matam.

Ces gemmes se trouvent quelquefois dans les crevasses des rochers, mais plus souvent dans les sables des rivières et dans une sorte de terre jaunâtre, granuleuse, mêlée à des cailloux de diverses grosseurs formant une sorte de poudingue. On n'a presque jamais analysé en Europe les sables qui accompagnent le diamant dans les mines de Bornéo. Cela provient non pas de l'indifférence des savants à ce sujet, mais bien plutôt des difficultés que l'on rencontre à s'en procurer. Les Chinois, et surtout les Bougis qui forment à peu près toute la population de l'île (si l'on omet les Dayaks et les Papous, peuplades sauvages qui habitent l'intérieur), empêchent par tous les moyens possibles les Européens d'arriver sur les marchés de l'île.

Il y a aussi des mines en exploitation sur le territoire des villes de Banjermassing et Pontianak. Dans la première, il y a d'habiles lapidaires, presque tous Bougis. C'est à Pontianak que se vendent les diamants qui n'ont pas été envoyés à Batavia, pour être de là dirigés vers la métropole.

Dans l'état indépendant de Bornéo, du côté accidental des monts Ratou, il existe aussi des dépôts diamantifères en exploitation. Ces montagnes, au nord de l'île, sont les seules bien connues ; elles abondent en cristal de roche : c'est pour cela que les Hollandais les appellent Monts-Cristallins. Le diamant s'y trouve dans des gisements formés d'un lit épais d'argile rouge et d'un banc de gravier quartzeux mélangé de diorite et de syénite. Il est accompagné d'un sable ferrifère magnétique, de lamelles d'or et de platine.

IV

MINES DU BRÉSIL.

Des mineurs de Villa do Principe, quelques années après la fondation de cette ville, trouvèrent, en marchant vers le Nord, un pays ouvert et arrosé par plusieurs petits ruisseaux dans lesquels ils cherchèrent de l'or. Après s'y être arrêtés quelque temps, ne les trouvant pas assez riches, ils s'avancèrent au delà des lieux nommés aujourd'hui San Gonzalès et Milho-Verde, et arrivèrent à des torrents qui sortent du pied de la montagne où est situé Tejuco (Diamantina). Il y avait des lavages d'or établis dans ces ruisseaux. Ils étaient loin de s'imaginer qu'ils continssent des diamants. Ils ramassèrent quelques cailloux brillants, très curieux, qu'ils présentèrent au gouverneur de Villa do Principe; celui-ci s'en servit comme des jetons en jouant aux cartes.

Peu de temps après il parvint de ces pierres jusqu'à Lisbonne; elles furent remises comme de jolis cailloux au ministre hollandais dans cette ville, pour qu'il les envoyât à Amsterdam qui était alors le principal marché de l'Europe pour les pierres précieuses. Les lapidaires auxquels on présenta ces cailloux, pour les examiner, déclarèrent que c'était de très beaux diamants. Il en fut aussitôt donné avis au consul de Hollande, qui ne manqua pas de mettre l'occasion à profit; car il prit si bien ses mesures, qu'en communiquant au gouvernement portugais l'avis qu'il venait de recevoir, il passa avec lui un contrat qui assurait à la Hollande le monopole de ce commerce lucratif.

Après ces mineurs indigènes, à demi sauvages, qui ne surent peut-être jamais la valeur des brillants cailloux qu'ils avaient eus dans leurs mains, le premier qui ait attaché son nom à la découverte du diamant au Brésil fut Sebastiano Leme do Prado qui en 1725 découvrit la mine du Ribeiro-Manso, affluent du Jequitinhonha. Bernardino de Fonceca Lobo découvrit à la même époque une mine dans le Serro do Frio, fit un rapport de sa découverte et fut en récompense nommé *capitaõ mor* de Villa do Principe. Un *avidor*, qui avait habité les Indes et connaissait le diamant, reconnut ce précieux cristal dans les pierres brillantes qu'avait découvertes Lobo et dont on ignorait la nature. Il en réunit secrètement un grand nombre et partit pour Lisbonne. Bientôt les Paulistes découvrirent les mines d'Yritaury, ainsi que celles du Matto-Grosso, etc. C'est l'un d'eux qui, visitant des premiers le Serro do Frio, donna son nom à un morne aux pieds duquel on exploita le précieux minéral.

Enfin, en 1729, sur un rapport précis de don Lorenço de Almeida, la cour de Lisbonne avoua officiellement la découverte du diamant au Brésil.

Par un décret du 8 février 1730 les terrains diamantifères furent déclarés propriété royale. On permit à tout le monde de s'occuper de la recherche du diamant; mais chaque nègre qui y était employé était soumis à une capitation d'abord fixée à 5 mille reis (31 fr. 25 cent.), abaissée peu après à 4 mille reis. Il fut défendu de faire passer les diamants en Europe sur d'autres navires que ceux du roi. Le fret de transport fut fixé à 1 pour cent de la valeur du minéral. Après deux années d'exploitation, le prix des diamants avait diminué des trois quarts, plutôt à cause des bruits exagérés qui circulèrent après cette découverte que par suite de l'abondance des produits envoyés en Europe.

Le gouvernement portugais crut devoir prendre des précautions. En 1735 l'exploitation fut mise en ferme pour la somme annuelle de 138 contos de reis (862,500 fr.). Mais on imposa aux fermiers la condition de ne pas employer plus de 600 nègres. Jusqu'en 1771, le bail fut renouvelé 6 fois.

La cour ne tarda pas à s'apercevoir qu'elle
avait été trompée par les menées d'hommes intéressés. Malgré les restrictions imposées par
le cahier des charges, les heureux adjudicataires
avaient récolté des fortunes colossales. De 1735
à 1771 ils avaient extrait des mines un million
huit cent quatre-vingt-six mille carats de
diamants. Ces richesses immenses éveillèrent
l'attention du gouvernement portugais au détriment duquel elles étaient acquises.

En 1771, le ministère Pombal qui avait découvert la fraude des fermiers conseilla l'exploitation directe. Une administration des mines
ayant à sa tête un intendant général fut
chargée de la direction des mines d'or et de
diamants. C'est avec le produit de ces premières
qu'on payait les frais d'exploitation; il ne fut
pas toujours suffisant pour les couvrir. Le
travail était fait par des nègres, esclaves loués
à l'administration par les fermiers. Leur nombre
alla jusqu'à 3,000. Dans l'origine on les payait
7 fr. 50 par semaine; ensuite cette somme fut
réduite à 5 fr. 62, puis à 3 fr. 75. L'administration les nourrissait, mais les propriétaires
devaient les habiller et les faire traiter en cas
de maladie.

Il est facile de s'expliquer comment ce système mena à la ruine de l'exploitation et excita

à la fraude, les *garimpeiros* et plus tard les *feitores*, malgré la multiplicité des mesures préventives et la rigueur de la répression.

Minas-Geraes. — La province du Brésil où l'on venait de découvrir le diamant est située au dedans des terres, entre 22° 1/2 et 16° de latitude méridionale. Son contour est de presque 600 lieues. Elle confine à l'est avec la province de Rio-de-Janeiro; au sud, avec celle de Saint-Paul; au nord, avec les Sertoens, ou l'intérieur de la province maritime de Bahia et avec une partie de celle des mines de Goyaz; à l'ouest enfin, avec l'autre partie de celle-ci et les déserts et forêts qui s'étendent jusqu'aux frontières du Paraguay. Du côté de Saint-Paul elle a de vastes campagnes incultes; l'intérieur est coupé de chaînes de grandes montagnes et de collines avec de superbes vallons.

Cette province fut une des dernières que les Portugais découvrirent. Vers le milieu du XVIIe siècle, un aventurier, Marcos de Azevedo, remonta le Rio-Doce et le Rio das Caravelas et en rapporta des émeraudes et des morceaux d'argent. Il refusa de faire connaître le lieu de ces découvertes et mourut en prison. Un vieillard de quatre-vingts ans osa recommencer les recherches d'Azevedo. Rodriguez Arzâo découvrit bientôt l'or, en 1695. Des bandes de Paulistes allèrent en chercher et, comme on en trouvait de tous les côtés, on donna à ce pays le nom de Minas Geraes et on y fonda Villa-Rica, naguère florissante; peu après on y découvrait le diamant et on y bâtissait Diamantina. Non seulement cette province est riche de ses diamants, de ses pierres précieuses, de ses mines d'or, de fer, de plomb, etc., mais elle l'est encore par ses gras pâturages, par ses belles forêts, par son territoire fertile qui, suivant les lieux et les hauteurs, peut produire la vigne, le sucre et le café, le chanvre et le coton, le manioc, le froment et le seigle, la mangue, la pêche, la figue et la banane. Aussi M. de Saint-Hilaire dit-il que ce pays peut se passer du reste du monde.

Le district du Serro do Frio consiste en montagnes âpres qui se dirigent du nord au sud et que l'on regarde comme les plus hautes du Brésil; aussi le climat y est-il tempéré, l'air pur et même vif. La température moyenne y est de 18 degrés centigrades. Des rocs sourcilleux, des montagnes à pic, des terrains sablonneux et stériles arrosés par un grand nombre de ruisseaux, voilà les lieux sauvages où la nature a semé le plus beau des joyaux.

Le point central des mines du Serro do Frio (montagne froide) est Diamantina (Tejuco), ville florissante à 1,738 mètres au-dessus du niveau de la mer. Elle commença en 1730 par une agglomération de mineurs que la présence du diamant attirait sur le versant oriental de la montagne. En 1864, sa population était de 18,820 habitants et celle de son municipe de 44,220. Bien que la principale industrie y soit la recherche du diamant et autres pierres précieuses, de l'or, du fer, du salpêtre, on y voit plus de deux cents établissements agricoles.

Elle est bâtie très irrégulièrement sur le penchant oriental du morne de Santolée, mais les maisons y sont en général bien construites et en bon état.

Quand on vient de Rio-de-Janeiro, éloigné de 134 lieues, dans le Serro do Frio, on est surpris, après avoir quitté Villa do Principe, de se trouver dans un pays d'aspect entièrement différent de celui que l'on vient de parcourir. On a devant soi un sol tout à fait dépourvu de bois et d'herbe, composé de gravier et de galets quartzeux.

La première mine que l'on rencontre, et qui aussi a été la première exploitée, est San Gonzalès, aujourd'hui presque abandonnée. On y remarque quatre couches de terrains. La

première est formée d'une légère terre végétale;
on observe au-dessous une couche pierreuse
assez mince, formée de cailloux quartzeux ou
de quartz pur, à laquelle on donne le nom de
burgalhão. Les géologues croient que cette
couche ne s'est formée ni à la même époque, ni
de la même manière que celle du *cascalho* qui
contient le précieux cristal et qui est constamment séparée de la précédente par une terre végétale d'inégale épaisseur.

A trente milles de Diamantina on rencontre la
mine de Mandanga où travaillaient, il n'y a pas
longtemps, mille et parfois deux mille nègres.

Elle est située sur les bords du Jequitinhonha,
formé par la réunion de plusieurs ruisseaux ou
torrents, et, en ce point déjà, trois fois plus large
que la Seine au pont des Arts. C'est le lit de ce
fleuve qu'il faut mettre à sec. Pour cela on pratique un barrage au moyen de plusieurs milliers
de sacs de sable, et on éloigne les eaux en les
conduisant dans un canal construit à travers les
terres. On met à sec les parties profondes de la
rivière au moyen de caissons ou pompes à
chaîne, mises en mouvement par une roue à
eau. Après ce travail préparatoire, on déblaye
la première couche de terre, ordinairement dé-
pourvue de diamants : c'est ce que les mineurs
appellent *limpar a cata*. Cette couche est plus

ou moins épaisse suivant les cours d'eau ; elle varie de quelques centimètres à un mètre et quelquefois plus. Bientôt enfin apparaissent certains indices précurseurs du diamant. Ce sont de petites pierres arrondies et très polies, qui reçoivent des noms différents suivant leur couleur. Enfin dans une couche de débris quartzeux appelés *cascalho*, où l'on rencontre quelquefois de l'or en poudre, et à laquelle les indigènes donnent le nom de *taboleiros*, on trouve le diamant.

On enlève soigneusement le cascalho et on le porte dans un lieu commode pour le lavage. Dans beaucoup de mines les nègres portent le cascalho sur leur tête; mais à Mandanga, depuis les premières années de ce siècle, un habile ingénieur, M. Camora, intendant des mines, avait fait établir deux plans inclinés, longs chacun de 300 pieds, sur lesquels une grande roue à eau, divisée en deux parties, fait marcher des caissons portés sur des roues. Les augets de cette roue sont construits de manière que le mouvement de rotation peut être changé à volonté, en faisant passer le courant de l'eau d'un côté à l'autre. Cette roue, par le moyen d'une corde de peau met en mouvement deux caissons dont l'un descend vide sur un plan incliné, tandis que l'autre, chargé de cascalho, est amené au sommet de l'autre plan où il tombe dans un berceau, s'y décharge, et descend à son tour. Ces sortes de machines sont certainement très avantageuses, mais il serait trop onéreux d'en établir dans toutes les exploitations, car il faut faire venir le bois de cent milles de distance, ce qui occasionne, dans ces régions où il n'y a point de routes, des frais énormes; en outre, peu de personnes sont capables de les exécuter.

On procède ensuite au lavage du cascalho, qu'on a eu soin d'entasser convenablement. Le lavage a surtout pour but d'enlever les matières terreuses et de détacher les couches de nature diverses qui recouvrent souvent les cristaux de diamant. On y procède de deux manières. A Mandanga, par exemple, on élève un hangar de forme oblongue, on fait passer au milieu un courant d'eau par une rigole couverte de fortes planches. A côté et au-dessous de la rigole, un plancher de douze à quinze pieds de long s'étend dans toute la longueur du hangar et a, depuis la rigole, une légère pente. Ce plancher est partagé dans la longueur par des planches posées de champ en vingt compartiments dont chacun est en communication avec la rigole. C'est là qu'on place le cascalho qui y est lavé. Quelquefois après avoir arrêté l'eau on choisit le diamant sur place, d'autres fois les cailloux sont transportés dans des cribles où s'opère le triage. Toujours des surveillants veillent à ces opérations.

L'autre procédé, le plus généralement adopté, consiste à laver simplement le cascalho dans des ruisseaux en pente adoucie par des degrés qui retiennent les cailloux, qui, après le lavage, sont emportés par des nègres dans un lieu approprié où on cherche la précieuse gemme. Après, on ramasse dans des gamelles ou sébiles le sable fin et les petits cailloux, on plonge le tout dans l'eau pour procéder à un second lavage plus soigneux, et on cherche alors, dans l'eau même, les petits cristaux.

Le travail des chercheurs de diamants est, comme on le voit, des plus routiniers, mais il est en même temps des plus rudes. Pour s'en convaincre il suffira de penser que les mineurs travaillent toute la journée, à une chaleur tropicale, sous les rayons d'un soleil brûlant, tandis qu'ils sont enfoncés dans l'eau jusqu'aux genoux.

Les terrains plats qui s'étendent des deux côtés des rivières en exploitation sont également riches dans toute leur étendue.

Tous les ruisseaux qui se trouvent dans le Serro do Frio donnent du diamant. Les uns se jettent dans le Jequitinhonha, qui lui-même, depuis de longues années, a produit des quantités remarquables de la plus belle qualité; les autres dans le Rio-Velho, qui porte ses eaux au Rio San Francisco. Ils ont frayé leur passage à travers des montagnes d'une étendue considérable de grès dont les couches alternent avec des couches de schiste micacé.

Il suffira de citer le Rio-Pardo, méchant petit ruisseau bourbeux encaissé, en quelques endroits entre des rochers quartzeux en talus, à travers lesquels il coule avec impétuosité. Plus loin il a un cours sinueux et forme des remous qu'on appelle *caldeirãos*, à cause de leur ressemblance avec la cavité d'un chaudron. L'eau qui les a creusés les a aussi remplis de cascalho. Ces remous sont souvent très riches en diamants. Un de ces trous, creusé par 4 hommes, en quatre jours, a donné 180 carats de diamants. Ces caldeirãos se rencontrent dans beaucoup de mines et sont généralement très productifs. Les pierres de ce ruisseau étaient très renommées. Les substances qui y accompagnent le diamant ne contiennent point de minerai de fer pisiforme, mais on y trouve beaucoup de cailloux de schiste siliceux.

A trente-quatre lieues au nord-est de Diamantina se trouvent les *Minas-Novas*, découvertes vers les dernières années du XVIIIe siècle. Elles ont produit et produisent encore de beaux diamants. Dans quelques ruisseaux on trouve des topazes blanches connues sous le nom de Minas-Novas, comme aussi des bleues, des jaunes. Il y a quelques années, on appréciait beaucoup à Rio-de-Janeiro les chryso-bérils qui en provenaient. Ces gemmes sont rarement cristallisées.

A quatre-vingt-dix lieues au nord-ouest de Diamantina sont situées les mines de Pacatu, et au nord du Rio-Plata, le petit ruisseau Abaïté, où trois condamnés à la peine capitale, évadés des prisons de Rio-de-Janeiro, découvrirent le diamant et trouvèrent la plus grosse pierre que possède la couronne de Portugal.

Il faut citer encore à l'ouest du Serro do Frio une mine fameuse par ses diamants, située dans un pays plus bas et qui est resté pauvre : le Serro Santo Antonio.

Enfin en 1844-1845 on découvrit les riches terrains diamantifères du district de Bahia. Mais d'autres événements s'étaient produits avant cette époque.

En 1872 le gouvernement portugais avait commencé l'exploitation directe. L'administration des mines avait été confiée à des hommes qui n'entendaient rien aux véritables avantages

de l'exploitation. Aussi les affaires empirèrent-
elles. Malgré la découverte des Minas Novas et
d'autres terrains diamantifères le gouvernement
se grevait de dettes envers des étrangers qui
avaient avancé des sommes considérables. Les
mines qui produisaient beaucoup rapportaient
peu. De 1801 à 1806 inclusivement, les dépenses
s'étaient élevées à 4,836,000 fr. et le poids des
diamants envoyés au Trésor était de 115,675
carats. Le diamant coûtait au Trésor 41 fr. 80 c.
le carat. C'est à peu près à cette époque que la
maison Hope et Ce, d'Amsterdam, conclut un
traité par lequel la cour de Lisbonne s'engageait,
pendant dix ans, à lui vendre le brut en
moyenne à 45 fr. le carat. Cette maison reven-
dait ces diamants taillés à 159 fr.!

Ce qui rendait ruineuse l'exploitation directe,
c'était le commerce illicite fait par les garimpeiros, qui risquaient aisément leur liberté
pour une fortune assurée. On est fondé à affirmer que, depuis la découverte des mines jusqu'en 1806, il était arrivé en Europe, par cette
voie, 48,000,000 de francs de diamants.

Le gouvernement eut beau recourir aux
mesures les plus rigoureuses et même les plus
vexatoires, l'espoir d'une fortune facile à gagner
tentait toujours. D'ailleurs les diamants se
trouvaient dans des cantons si éloignés qu'il

était impossible d'empêcher leur recherche clandestine. On raconte que les mineurs s'exerçaient dès l'enfance à dérober des diamants pendant leur travail malgré la plus rigoureuse surveillance; pour cela ils apprenaient à jeter dans leur bouche, sans qu'on pût s'en apercevoir, de petites pierres.

On compte que le fisc ne recevait guère qu'une faible moitié des diamants trouvés à ses dépens.

En vain les amis du gouvernement l'engagèrent-ils à abandonner le système ruineux et antilibéral de l'exploitation directe; les intéressés, les Hollandais surtout que ce système enrichissait, eurent l'adresse de prévenir défavorablement le ministre de Portugal contre la proposition de rendre libre ce commerce.

Mais bientôt devait luire l'ère de l'indépendance. Elle mit fin au régime prohibitif. Le Brésil, qui désormais ne devait plus subir le système vexatoire de la métropole et qui allait travailler et produire pour lui-même, ouvrit les mines à l'initiative privée. Le gouvernement national permit l'acquisition aux enchères publiques des terrains diamantifères.

La loi de 1830 créa des concessions multiples. Elle fixa l'étendue des lots à concéder et le droit fixe qu'ils rapporteraient au Trésor. Aucune concession ne pourrait avoir moins de 33 mètres carrés, ni plus de 200 mètres d'étendue, et la somme annuelle à payer ne pourrait être inférieure à 12 fr. Les troubles intérieurs et surtout certaines hésitations du gouvernement ne permirent pas à cette loi de rapporter tous les avantages qu'elle promettait.

Quinze ans plus tard, une ordonnance, et enfin une loi, en 1848, établirent que les terrains diamantifères ne peuvent être exploités qu'en vertu d'une adjudication régulière, valable pour quatre ans. L'adjudicataire paie à l'État une redevance annuelle d'environ 5 francs pour 200 mètres carrés. La même loi établit un impôt de 1/2 pour 100 sur la valeur des diamants exportés.

Depuis que les mines ont été ouvertes à tous les travailleurs, on ne s'est pas contenté de fouiller le lit des torrents et des rivières, on a cherché le diamant à sec dans des terrains de transport souvent très accidentés.

Ce système donne beaucoup plus de peine que les travaux exécutés au fond des fleuves. Il consiste à démolir ou *démonter* les terres situées au-dessus des couches diamantifères. Les tertres à démonter ont souvent une hauteur considérable. Inutile dans ces régions, où il n'y a ni routes ni moyen de locomotion, de songer à emporter les terres d'un lieu à un autre. Si les nègres devaient transporter sur leur tête ces montagnes d'argile, il faudrait un travail de plusieurs années, et chaque carat de diamant trouvé aurait coûté des milliers de francs.

On a recours pour cela à l'eau qu'on va quelquefois chercher fort loin et qu'on amène au moyen de canaux creusés dans le sol et souvent d'aqueducs en bois. On lui ménage une pente ou une chute, et elle fait le travail que l'homme n'oserait entreprendre. Quelques nègres avec une pioche ou un pal de fer suffisent pour aider cet agent puissant de destruction. L'eau emmène au loin les terres et laisse les cailloux convoités où l'on cherche ensuite les diamants.

Quelquefois, pour obvier à l'inconvénient du manque d'eau, les mineurs fouillent les terres qu'ils amoncellent sur des terrains en pente de manière à ce qu'elles puissent être emmenées par les eaux pluviales. On appelle *gupiaras* ces pentes de collines où les terres déblayées attendent ainsi l'eau du ciel. On a soin de pratiquer des rigoles en forme d'escaliers afin que les matières précieuses ne soient pas entraînées.

Sans pouvoir dire que ce système soit plus coûteux que les précédents, il est cependant certain qu'il nécessite plus de travaux. Mais on ne compterait pour rien les peines et les fatigues si le succès venait toujours les récompenser, si le précieux cristal se présentait toujours sous les montagnes de terre qu'on enlève pour arriver à lui. Trop souvent, hélas! après des travaux immenses, on voit un juste espoir déchu. On a acheté fort cher un terrain inutilement enlevé à l'agriculture par le démontage, on a conduit l'eau à grands frais et le fruit de ces labeurs n'est quelquefois que le découragement et, trop souvent, la ruine.

Nous avons connu un chercheur de diamants qui, sur des indices qui permettaient de présumer la présence d'une nappe de cascalho très productive, a démonté le tertre sur lequel était située sa gracieuse petite maison d'une assez respectable valeur. Il y trouva quelques carats de diamants!

Combien d'entreprises aussi ruineuses n'a-t-on pas vues dans les mines de la Chapada, cependant si riches.

Aussi ne faut-il pas s'étonner du ralentissement et presque de l'abandon dans lequel sont tombées plusieurs mines, jadis florissantes au Brésil, depuis la découverte des terrains diamantifères du sud de l'Afrique.

L'Angleterre, ce pays colonisateur par excellence, a tracé des routes, facilité les moyens de transport, encouragé les entreprises utiles. On voit dans toutes les mines du Cap des machines à vapeur autant qu'il en est besoin et des voies ferrées partout où elles sont nécessaires. Et il n'y a pas quatorze ans que ces mines sont découvertes!

Il est temps désormais que le Brésil, qui renferme des richesses incalculables, sorte de cette espèce d'indolence qui semble s'étendre des basses classes jusqu'aux plus hauts sommets de l'échelle sociale. Combien de fois en nous rendant aux mines, alors que nous traversions des pays incultes et dont cependant la fertilité serait inépuisable, où le voyageur, même au poids de l'or, ne trouve rien, quelquefois même pas du maïs pour ses bêtes de somme; combien de fois n'avons-nous pas réfléchi sur l'apathie et l'indolence de ces gens qui vivent dans des maisons incapables de servir d'abri aux voyageurs, dont les nombreuses crevasses donnent passage à l'air, tandis qu'il suffirait de quelques poignées d'argile pour les rendre incomparablement meilleures! Quand enfin nous arrivions aux mines, après une course folle de huit jours à travers des terrains où pas un sentier ne vous guide, où il faut traverser à la nage de profonds torrents et de larges rivières, nous ne nous étonnions nullement de l'absence de toute machine et de tous ces engins puissants d'exploitation qu'on voit ailleurs, et nous nous rendions suffisamment compte de ce qu'avaient pu coûter les rares roues en bois et les conduits en planches qui forment tout le matériel de ces mines, récemment encore les plus riches du monde.

C'est, certes, un pays d'avenir que celui auquel la nature a tout donné. Le Brésil est une nation jeune encore, mais déjà son avenir se dessine. On n'a pas habité longtemps ce pays enchanteur sans l'aimer et sans en connaître les inépuisables ressources. Nous y avons vu se former toute une génération laborieuse et instruite; nous l'avons vue s'adonner aux fortes études dans ces collèges nombreux et si bien organisés dont le plus savant et le plus populaire des souverains se plaît à doter les villes de son vaste empire. Nous l'avons plus tard rencontrée dans cette vieille Europe où, à l'exemple de son souverain, elle venait étudier les améliorations et les progrès, fruits de l'expérience des siècles et des génies qu'ils ont produits. Ces efforts sont louables, sans doute, et remplissent l'avenir de belles espérances; mais encore faut-il qu'au retour dans la mère patrie on ne s'endorme pas sur le mol oreiller de la routine pour rentrer dans les errements primitifs.

Qu'on trace des routes, qu'on creuse le lit des rivières, ces grands chemins des nations, et le Brésil n'aura rien à envier aux pays les plus prospères.

Il y a bientôt cent ans qu'un voyageur descendait en pirague le Jequitinhonha. Aujourd'hui les Minas-Novas périclitent, étouffées par l'immense production du Cap. Les moyens d'exploitation manquent; il faut trois semaines, et toute une cavalerie, pour y arriver. En moins de huit jours un bateau y apporterait tout ce qui manque à l'exploitation; et cependant pas une drague n'a encore apparu dans ce fleuve qu'il serait si facile de livrer à la navigation.

Le Paraguassu et le Jagoaripe seraient-ils bien plus difficiles à rendre navigables par la création de quelques canaux et de quelques écluses, là ou le courant serait trop rapide?

Ce n'est qu'alors que ces grandes voies seraient ouvertes que les mines du Brésil pourraient lutter avec les mines de l'Afrique, ou tout au moins, continuer à produire et être prêtes pour le moment possible où celles-ci subiraient un chômage; tandis que dans l'état actuel des choses cette source de richesses serait fatalement condamnée à s'éteindre, les frais d'exploitations, dans lesquels figurent pour une large part le coût de transport de la marchandise sur les

places où elle se vend, étant supérieurs à leur
produit.

On s'en fera une idée si l'on veut se rendre
compte de la distance immense qui sépare les
mines des deux centres, Rio-de-Janeiro et Bahia,
où se vendent les diamants. Rien ne pourra en
donner une idée plus claire que la reproduction
d'une lettre que l'un de nous, négociant en
diamants, en résidence à Bahia, et alors chargé
de la gestion du consulat de Belgique en cette
ville, écrivait, après un voyage aux mines, à un
Européen de ses amis :

« Nous étions partis de Bahia un samedi, sur
le bateau à vapeur de la Compagnie Bahiana, qui
fait le trajet entre cette ville et celle de Cachoeira
en quatre heures, dont deux dans la baie de
Todos os Santos et deux dans le magnifique
fleuve le Paraguassu. Rien n'est beau comme
ces deux heures de navigation sur ces bords
d'où s'élèvent de ravissantes collines animées
au premier plan par la vivacité de la verdure des
arbres qui croissent près des eaux, dont la nuance
prononcée s'harmonise avec le vert tendre des
coteaux cultivés et l'ombre des vallées qui s'y
dessinent et vont se perdre dans les sommets
entièrement boisés et toujours verts! Arrivés à
Cachoeira, nous sommes, pour la facilité du dé-
part, allés coucher de l'autre côté de la rive, à

San Feliz, d'où nous nous sommes mis en route pour les mines.

« A cinq heures du matin, nos guides et nos domestiques sont à notre porte avec notre *cavalerie*, composée de vingt mules et d'un cheval ou madrinha, nécessaire à toute troupe de mules pour les tenir réunies la nuit lorsqu'elles sont en repos dans la prairie. Après avoir chargé nos malles, notre literie et notre batterie de cuisine sur les montures, car il faut tout emporter avec soi pour un voyage à l'intérieur, nous nous mettons en route à huit heures. C'est la première journée qui est la plus difficile : bien des choses ne sont pas en règle au dernier moment, puis les mules sont molles et savent parfaitement qu'elles entreprennent une dure corvée; elles se décident difficilement à marcher, ce qui est d'autant plus embarrassant que les montures de charge et celles de réserve voyagent en liberté. Trois quarts d'heure après avoir quitté la ville de San Feliz, bien connue en Europe, comme aussi Cachoeira, pour le tabac de bonne qualité qu'elle produit, nous arrivions à la hauteur Moritiba, renommée pour son excellent café. De ce point la route est mauvaise; il faut à tout moment traverser des mares d'eau croupie qui arrive quelquefois jusqu'au poitrail de nos animaux. A deux heures, nous attei-

gnons une masure dégoûtante située sur un
point appelé Grande-Vista ; là nous mangeons
notre premier déjeuner. Aussitôt après, nous re-
montions sur celles de nos mules qui n'avaient
pas travaillé le matin pour ne nous arrêter qu'à
huit heures, au Passagem, c'est-à-dire sur le bord
du Paraguassu, qu'il faut traverser. Là, on rencontre quelques cultivateurs indigènes et même
une *venda*, espèce de boutique de regrattier, où
l'on vend de l'eau-de-vie, du maïs et quelquefois du sucre. Nous y trouvons du maïs pour
nos bêtes et un petit pasto ou prairie fermée, ce
qui est toujours une bonne fortune, car le matin on n'a pas le souci de rassembler les mules
comme lorsqu'on est obligé de les lâcher dans
la forêt. Nous soupâmes, comme des Spartiates,
avec des haricots noirs, de la farine de mandioca
et un morceau de viande emportée le matin avec
nous.

« Là, pas d'auberge, car le voyageur, qui a sa
literie, aime mieux loger dans un rancho ou
hangar quelconque. C'est en effet dans une
sorte de remise couverte de paille de cocotier que
je fis attacher nos hamacs pour y passer la
nuit.

« Le lendemain de bonne heure nous traversions le fleuve sur le bac en même temps qu'un
énorme sucuriù, serpent d'eau, très dange-

reux (indéterminé, mais paraît être des Ophidiens).

« La traversée nous prit deux heures. A midi, nous étions à Sant'Antonio d'Alegoin, petit bourg, composé d'une cinquantaine de huttes, où le voyageur trouve cependant une maison bien bâtie et un accueil hospitalier. A deux lieues plus loin, nous mîmes pied à terre pour aller à la fazenda da Boa-Vista serrer la main au maître de la maison, Joaquim Ignacio, respectable vieillard connu de tous les voyageurs qui font cette route ; sa maison leur est toujours ouverte. Il nous recevait en ami chaque fois que nous y passions ; cette fois encore, tout heureux de nous voir, il voulut nous faire passer la nuit dans son hospitalière demeure ; ce qui nous fut d'autant plus agréable que nous aurions dû faire encore trois lieues avant de trouver une hutte pour nous abriter.

« Le lendemain à deux heures nous déjeunions à quatre lieues plus loin, sous des arbres, au bord d'une petite rivière ; le soir nous arrivions à Sitio do Meio sur les bords du Paraguassu que nous allions quitter pour ne plus le retrouver qu'à la Chapada même. Le Sitio do Meio est un gîte où s'arrêtent les tropeiros. Le voyageur y est à l'abri de la pluie, mais rien de plus. Là, demeure une famille qui, tout en rendant de grands services aux voyageurs, pourrait gagner de l'argent.

Mais, comme presque partout sur la route, il n'y a rien à obtenir de l'indolence de ces habitants, si ce n'est la permission de passer la nuit sous l'espèce de hangar en paille qui se trouve près de toutes les huttes de l'intérieur.

« J'étais connu de tous ces braves gens; aussi trouvâmes-nous presque partout soit un poulet, soit une pintade ou quelques œufs, qu'autrement on n'obtient pas même à prix d'or. Nous partîmes le lendemain par un temps orageux, et nous essuyâmes quelques averses avant d'arriver, à cinq lieues de là, au Rosario, petit village d'une centaine de maisons. Pendant que nous y déjeunions, l'orage éclata dans toute sa force et, pour la première fois au Brésil, je vis tomber une grêle serrée. Rien n'était plus curieux que de voir tous ces indigènes ramasser des grêlons, qu'ils appellent *chûva de pedras;* ils n'en avaient pas vus depuis un nombre respectable d'années. Nos gens sellaient nos mules, quand un voyageur, qui arrivait d'où nous allions, nous conseilla de ne pas nous acheminer, car la pluie avait été si abondante que toutes les rivières et tous les ruisseaux débordaient. Nous partîmes quand même. Une lieue plus loin se trouve une *lagoa* ou petit lac qu'on traverse ordinairement presque à sec. Cette fois il était immense. Nous le tournâmes, ce qui allongea notre route et nous obligea à passer des ruisseaux où nos animaux entraient jusqu'à l'encolure; mais enfin nos malles étaient sauves et nous commencions à nous estimer heureux d'en être quittes à si peu de frais, quand commença vraiment la difficulté. Nous avions devant nous un ruisseau sec, d'ordinaire, qui court en zigzag dans la vallée et qu'il faut traverser une douzaine de fois. La pluie avait été si forte qu'en moins de 4 heures il était devenu un impétueux torrent, large de 20 mètres, profond de 10 environ. Il n'y avait pas à hésiter: nous choisissons l'endroit le plus propice et nous traversons. Mais nos bêtes avaient perdu pied et c'est à la nage que nous arrivâmes à l'autre bord. Bien que nos malles fussent mouillées, l'eau ne les avait pas pénétrées et nous en retirâmes des vêtements secs. Dix minutes plus loin, nous étions devant le même ruisseau. Il fallut bien le traverser; seulement nous eûmes la précaution de faire prendre une à une les malles sur la tête de nos hommes et de les préserver ainsi de l'eau. Mais la pluie recommença à tomber à torrents et bientôt nous nous trouvâmes une troisième fois devant le redoutable ruisseau. Que faire! Reculer? Mais nous l'aurions retrouvé derrière nous. Dans cet instant d'hésitation, je remarquai une sorte de sentier battu à travers le bois. Malgré l'orage, je mets pied à terre pour

voir où aboutit ce chemin. Je n'ai pas fait
cent pas que j'aperçois une éclaircie dans la
forêt et là une hutte en paille, habitée par une
famille de nègres. Ils vinrent à nous de l'autre
côté du ruisseau, nous aidèrent à abattre des arbres et à faire une sorte de pont pour le franchir.

« L'orage avait grossi tous les ruisseaux, la
route était désormais impraticable. Il fallut
passer trois jours dans cette hutte, où nous dor-
mions pêle-mêle avec les nègres et les négresses,
tandis que notre cavalerie broutait l'herbe qui
poussait dans une partie déboisée de la forêt.
Bientôt nos provisions s'épuisèrent. Le dernier
jour nous eussions été sans viande si un jeune
homme qui nous accompagnait n'avait, sur nos
conseils, visé un petit porc noir que j'avais vainement demandé à acheter. Le jeune homme
vint s'excuser de sa maladresse ; il avait cru tuer
un oiseau. Notre hôte prit la chose du bon côté ;
il rit beaucoup de l'erreur commise et cela surtout quand il vit que je lui tendais un billet de
dix mille reis pour réparer le tort qu'on lui avait
fait. Le petit porc fut bientôt mis à la broche,
c'est-à-dire sur un morceau de bois et aussi bien
rôti que mangé.

« Bien que les eaux n'eussent pas beaucoup baissé, nous nous mettions en route dès
le lendemain ; nous espérions atteindre, à trois

lieues de là, le Caldeirão da Onça, à l'entrée de la forêt de l'Orabo, où est située une fazenda appartenant au capitaine Geronimo, et où nous devions trouver bon gîte et de quoi refaire nos animaux qui depuis trois jours n'avaient plus mangé du maïs. Onze fois encore il fallut traverser des ruisseaux tantôt sur des arbres abattus, tantôt avec de l'eau jusqu'à la ceinture ou même à la nage. A quatre heures nous atteignions enfin le Caldeirão. Là un bain additionné de cachaça ou genièvre, puis un dîner relativement confortable, nous restaurèrent assez pour pouvoir, après une nuit de repos, continuer notre route. Le lendemain, dimanche, il fallut faire onze lieues dans la forêt de l'Urubu, à l'abri du soleil, il est vrai, mais où nous avons dû monter et descendre vingt montagnes quelquefois fort hautes et élevées à pic. Nos montures en sont exténuées au point qu'une de nos mules a dû être abandonnée dans la forêt, la pauvre bête ne pouvant plus nous suivre; nous-mêmes nous arrivons brisés de fatigue à Mucambo. C'est une fazenda habitée par son propriétaire et par cinq ou six esclaves qu'il occupe à la culture du tabac. Nous y passons la nuit.

« Le lundi nous n'avons qu'une étape de cinq ou six lieues à faire pour arriver au Rio Outinga, que nous traversons assez facilement. De l'autre côté se trouve une petite ferme délabrée où nous nous arrêtons pour la journée. Nous en profitons pour réparer un peu les outrages qu'a subis notre toilette et nous débarasser des carrapatos qui nous ont envahis. Cet insecte très désagréable ressemble à la tique du mouton; il s'attache sans qu'on s'en aperçoive aux parties du corps auxquelles il peut arriver, enfonce sa tête sous la peau et suce le sang jusqu'à ce que son corps soit devenu de la grosseur d'un petit grain de café. Le meilleur moyen de s'en débarrasser est de le faire périr avec du laudanum ou de l'huile. Nos hommes, après avoir soigné leur cavalerie, nettoient et astiquent les garnitures en argent de nos selles, car ils mettent tout leur amour-propre à arriver en bon état au but du voyage.

« Enfin le mardi nous partons de grand matin et nous entrons à onze heures à Lençoes, terme de notre voyage. Nous avions mis dix jours à faire 80 lieues. Mais à travers quels obstacles! Je vous ai fait grâce dans mon récit de mille petits accidents : animaux blessés, mules enfouies qu'on doit venir relever, d'autres qu'il faut chercher dans la forêt, harnais cassés, mauvaise nourriture, manque d'eau potable, car très souvent nous buvions de la véritable boue, nuits passées sous des parapluies alors que l'eau passait à travers les toiles qui faisaient gouttière, etc. Tout cela s'oublie lorsqu'arrivé à Lençoes on se voit reçu si cordialement par tous les habitants sans distinction.

« Nous descendons chez mon noble ami Antonio Lopes da Silva, où bientôt une foule d'amis et de connaissances viennent nous souhaiter la bienvenue. Une immense table est bientôt servie, à laquelle s'assoient de nombreux et gais convives. Nous déjeunons avec d'autant plus d'appétit que depuis dix jours nous n'avons goûté ni pain frais, ni légumes.

« Lençoes est une petite ville d'environ 3,000 habitants; bâtie depuis la découverte des mines dans la province de Bahia, elle n'a cessé de prospérer. C'est là que se tient le plus grand marché du district. Tous les lundis les cultivateurs y apportent des denrées alimentaires et les mineurs, le produit de la semaine. Là se réunissent aussi les capangueiros ou marchands qui voyagent pendant toute la semaine pour aller d'une mine à l'autre acheter à ceux qui n'aiment pas à se déplacer, et surtout aux noirs libres qui travaillent, pour leur propre compte, dans certaines localités où aucun adjudicataire ne s'est encore présenté.

« C'est dans les environs de Lençoes qu'on trouve les plus beaux diamants. Viennent ensuite le Veneno, Anderahy, Santa Isabel, Chique-Chique, Palmeiros, Santo Antonio et enfin Santo Ignacio.

« Les diamants qui en proviennent sont de qualité presque également bonne, ceux que produit le Lençoes sont cependant plus blancs ; ils portent tous des caractères qui nous permettent de préciser la mine d'où ils viennent. C'est ce fait très curieux qui confirme dans leur opinion ceux qui pensent que les diamants se trouvent là dans leur berceau naturel ; sans cela ils se trouveraient mélangés dans cette grande surface qu'on appelle la Chapada.

« Autour de Lençoes, tous les bons endroits ont été exploités. Il paraît que nulle part on n'a été plus heureux qu'auprès du Rio São José, petite rivière large de 200 mètres, jadis assez profonde, mais actuellement presque comblée par les sables qu'on y a déversés. Les bords seuls de cette rivière ont été exploités ; son lit doit être très riche en diamants ; mais depuis qu'il a été comblé par les sables provenant des exploitations voisines, il serait impossible d'arriver au lit de cascalho sans le secours de machines qu'on ne peut y apporter, faute de routes.

« Il en est de même pour le Roncador, à quatre lieues de Lençoes. Ce petit courant est alimenté par les eaux venant des montagnes du Veneno qui, près de là, tombent en ravissante cascade. Les bas-fonds de cette rivière ont été comblés par les sables que les eaux charrient. Quelques mineurs, à la tête desquels se trouvait M. Antonio Gomes, conçurent le projet d'en vider quelques-uns.

« Peu de jours après notre arrivée, nous sommes allés voir ces travaux. On avait creusé un trou d'environ 100 mètres de circonférence, auquel travaillèrent plus de cent esclaves, nuit et jour. Depuis quatre semaines, on y avait installé une pompe mue par une immense roue à eau. L'eau extraite était déversée dans des barils que les esclaves, formant la chaîne, se passaient les uns aux autres. Pendant que les uns creusaient, les autres prenaient toutes les précautions possibles pour arrêter l'eau qui s'infiltrait avec une force inouïe de tous côtés. L'ouvrage avançait cependant, grâce aux efforts des esclaves, stimulés, hélas! par le fouet des surveillants. Au bout de quatre semaines, on atteignit à la couche de sable diamantifère qu'on enleva promptement, qu'on vola, dirai-je en quelque sorte, à son lit. Ce gigantesque travail avait coûté 60 contos de reis (environ 180,000 f.), mais on possédait enfin le riche trésor, fruit de tant de peines. On lave le cascalho dans lequel on était sûr qu'était renfermée la juste récompense de tant de travaux et de tant de dépenses!

On ne trouva que trois pierres défectueuses
valant, à elles trois, 18 francs.

« C'est là, me direz-vous, une mauvaise
chance tout à fait exceptionnelle.

« Le mineur en rencontre à chaque instant
de semblables. Combien de démontages de terres
ne connais-je pas qui ont demandé deux et même
trois mois de travaux et de sacrifices, et qui
n'ont donné au bout qu'un peu de carbone ou
du rebut.

« Je connais beaucoup d'exploitants, parmi lesquels je compte plusieurs amis ; pas un seul
d'eux ne s'est enrichi, tandis que plusieurs se
sont ruinés. Les spéculateurs sont sans doute plus
heureux. Mais encore ne connaît-on pas toutes les
difficultés contre lesquelles ils ont à lutter. Les
voyages qu'ils doivent entreprendre sont non
seulement excessivement coûteux, mais encore
pénibles au dernier point. Aussi les nègres qui font
pour les négociants le voyage des mines de Bahia
ne résistent-ils pas longtemps à de telles fatigues.
Ils sont bientôt emportés par ces terribles fièvres
paludéennes, maladies endémiques de ces pays,
qu'ils ont contractées sur les routes. Pour ma
part, j'en ai perdu trois en deux années. Heureux encore quand, chargés de valeurs considérables, ils ne succombent pas en chemin. Ces
lignes font peut-être penser à des crimes pos-

sibles dans ces pays perdus, où un homme seul, armé à peine d'un poignard, porte sur lui une fortune. Jamais rien de semblable n'est arrivé. Et, il faut le dire à l'honneur de ce pays hospitalier, aucun négociant ne songe à se prémunir contre les voleurs, tant ils y sont inconnus.

« Rio-de-Janeiro et Bahia sont les deux grands marchés de diamants bruts du Brésil. Au commencement du siècle, ils étaient expédiés directement de Rio à Amsterdam. Plus tard, un traité ayant été passé entre les cours de Lisbonne et de Londres, ce fut dans cette dernière ville que l'Europe dut acheter les diamants du Brésil. A l'expiration du traité, cet état de chose dura jusqu'à l'époque où de grandes maisons de Paris vinrent à Bahia et à Rio acheter le brut. Dès lors Paris devint le grand marché du diamant du Brésil. »

La connaissance exacte des matières qui accompagnent le diamant est d'une haute importance. Leur examen comparatif pourra jeter un peu de jour sur le mode de formation de cette gemme.

Quand les géologues auront bien déterminé l'âge des roches cristallines dont les débris arénacés forment le lit du diamant, il sera possible d'en déduire l'époque de la formation de celui-ci, car quelques-unes de ces espèces au moins ont pris naissance sous l'influence et par suite des réactions qui ont déterminé la cristallisation du carbone.

Voici la composition des sables diamantifères des mines du Brésil dont nous avons parlé.

L'analyse en a été faite par M. Damour, dont les travaux sur ce sujet sont très intéressants.

Minas-Geraes.

Divers échantillons provenant des mines de Serro-do-Frio.

1° Echantillon de la collection de M. le duc de Luynes,

Grès itacolumite. — Quartz blanc. — Quartz rose. — Galets noirs (feijaõ). — Hydrophosphate d'alumine (cabocle). — Rutile cristallisé. — Rutile pseudo-morphique, remplaçant l'anatase. — Anatase. — Acide titanique hydraté. — Tantalite. — Fer oligiste. — Fer oxydulé. — Fer hydroxydé. — Jaspe rouge. — Disthène. — Grenat rouge. — Grenat manganésifère. — Mica. — Talc.

2. Échantillon fourni par M. Baubée.

Quartz. — Zircon. — Hydrophosphate d'alumine. — Galets noirs. — Rutile cristallisé. — Rutile pseudomorphique remplaçant l'anatase. — Anatase. — Acide titanique hydraté. — Fer oxydulé. — Fer oligiste. — Desthène. — Grenat magnésifère.

3. Echantillon appartenant à l'Ecole des Mines.

Quartz hyalin roulé. — Silex, — Jaspe. — Galets noirs (feijaõ). — Galets schistoïdes verdâtres. — Hydrophosphate d'alumine (cabocle). — Rutile. — Acide titanique hydraté. — Fer titané. — Fer oxydulé. — Fer oligiste. — Fer hydroxydé. — Grenat rouge. — Tourmaline verte. — Graphite. — Pyrite de fer.

4. Echantillon de la mine d'Acaba-Sacco.

Quartz. — Galets noirs. — Rutile prismatique remplaçant l'anatase. — Anatase. — Fer oligiste. — Fer oxydulé. — Fer hydroxydé. — Disthène. — Grenat rouge. — Mica. — Pyrite de fer. — Or natif. — Fragments de mica-chiste.

Mines de Bahia.

1. Echantillon provenant des mines de La Chapada.

Quartz hyalin roulé. — Zircon cristallisé. — Feldspath rouge, — Feaijõ (schorl. rak). — Hydrophosphate d'alumine (cabocle). — Yttria phosphaté blanc.— Yttria phosphaté titanifère. — Diaspore. — Rutile. — Braokite. — Anatase. — Fer titané. — Fer oxydulé — Etain oxydé. — Mercure sulfuré. — Or natif.

2. Echantillon de la mine de Limoërs.

Quartz hyalin roulé. — Zircon cristallisé. — Tourmaline noire. — Rutile. — Baïerine (fer niobé). — Fer titané. — Fer oxydulé. — Fer oligiste. — Fer hydroxydé. — Or natif.

Si maintenant on veut connaître approximativement dans quels rapports ces substances sont associées, en voici le poids qui a été déterminé par M. Damour, sur un échantillon à lui remis par M. Castelnau, alors consul de France à Bahia :

Quartz roulé en grains............	123 gr.	02
Galets noirs (feijaõ)...............	40	41
Orthase rouge....................	0	15
Titane rutile	1	80
Titane brookite...................	0	11
Titane anatase	0	08
Zircon	0	07
Diaspare en lames cristallines..	0	35
Hydro phosphate d'alumine.....	1	61
— d'yttria........	0	21
Silicate d'yttria	2	13
Fer oxydulé......................	0	02
Or natif..........................	0	007

C'est exclusivement dans les mines de Bahia qu'on a trouvé le carbonado ou diamant carbonique dont nous avons déjà parlé. En général, les fragments, qu'on rencontre dans les mêmes terrains que les diamants, ont les arêtes abattues, mais ils ne sont pas arrondis comme les cailloux roulés. Ils présentent parfois à leur surface des stries que quelques savants prennent pour de petites cavités disposées en lignes droites. Cette disposition rappelle le tissu fibreux de certains végétaux ou bien celui du charbon de bois minéral. En dehors des produits organiques, on trouve dans la nature divers minéraux, tels que l'aragonite, l'hémolite, qui présentent la même disposition fibreuse.

M. Daubrée, le savant directeur de l'Ecole des mines de Paris, qui a reproduit artificiellement ces stries, soit sur du carbonado, soit sur des cristaux de diamant, en les frottant les uns contre les autres, croit qu'elles proviennent du frottement réciproque de ces minéraux alors qu'ils étaient en contact dans l'intérieur des roches, avant d'être dispersés comme ils le sont aujourd'hui.

Le carbonado brûlé, par M. Rinot, de l'Ecole des mines, au moyen de l'appareil employé par M. Dumas pour la combustion du diamant, n'a donné que de l'acide carbonique et des cendres, en quantité bien plus abondante que le précieux cristal dont il a la dureté mais non l'éclat.

En résumé, le diamant se trouve généralement au Brésil dans des terrains d'alluvions qui doivent leur origine à la destruction des roches de stéachiste, de sidéracsite, d'itacolumite et de grès que l'on retrouve dans les montagnes environnantes qui sont traversées par des masses de diorite. Bien que chaque mine, dans le même district, fournisse des diamants assez caractérisés pour qu'on puisse les distinguer, on doit admettre qu'ils ont été formés dans des couches profondes du sol et que celles-ci ont été soulevées avec la montagne, d'où elles ont été ensuite entraînées par les eaux dans les terrains où on les trouve. Les caractères qui distinguent les cristaux des diverses mines proviennent de la composition chimique de la couche où ils se sont formés, qui pouvait varier, sans doute, d'un point à un autre.

Cette théorie est d'autant plus probable que le diamant a été trouvé sur place dans ces montagnes qui ont fourni l'abondante moisson qui s'étend au loin dans les alluvions qu'elles dominent. Il s'y trouve au milieu de grès itacolumites ou de grès psammites. Les cristaux qui se rencontrent dans ces matrices ont presque toujours leurs arêtes arrondies et sont quelquefois presque sphéroïdaux. Ce fait bien constaté par l'un de nous ne permettrait-il pas d'attribuer cette modification de forme à la même cause

qui a occasionné le changement du grès en itacolumite ?

Les mines du Brésil, dont la découverte a été
fatale à celles de l'Inde, après avoir fourni
pendant un siècle et demi tous les diamants qui
se vendaient en Europe, ont à leur tour été profondément atteintes par la découverte des gisements de la colonie du Cap, l'immense rendement
de ceux-ci ayant produit une telle baisse dans les
prix du diamant, que l'exploitation des mines
du Brésil, où les moyens de communication
manquent complètement, est devenue onéreuse.

Cela ne veut nullement dire qu'elles soient
épuisées ni, moins encore, que le diamant soit,
comme qualité, inférieur à celui du Cap; nous
croyons au contraire que le jour où les progrès
qu'ont conçus les hommes qui sont aujourd'hui
à la tête du gouvernement de ce pays seront
réalisés, les mines du Brésil, où le travail de-
viendrait relativement facile et où ne sont point
à redouter ces éboulements qui menacent les
mines du Cap, verraient venir à elles les capitaux indispensables à toute exploitation sérieuse.

V

MINES DU CAP.

C'est à l'Exposition internationale de Paris, en 1867, qu'on vit le premier diamant du Cap. Cette pierre, à l'état brut, pesait 21 carats 3/6.

Elle avait été trouvée par le fils de M. Jacobs, agriculteur hollandais, établi dans cette colonie. On ne suspecta d'abord pas la valeur de ce cristal. Un ami de la famille, curieux d'en déterminer les caractères, le fit adresser au docteur Atherstone, à Graham's Town, qui osa à peine affirmer que c'était un diamant. M. Henriette, consul français à Cape-Town, confirma cette assertion et adressa le précieux caillou à Paris, où il devait être le plus curieux spécimen de la production coloniale. Il fut acquis par le gouverneur de la colonie, Sir Philip Wodehousse, qui le paya plus de douze mille francs. L'enfant qui le trouva était loin de se douter qu'avant qu'il ne fût homme le pays qu'il habitait expédierait à l'Europe, toutes les semaines, pour plusieurs centaines de mille francs de ces cailloux qu'il semblait mépriser. Les terrains où cette découverte avait été faite furent, comme on le pense bien, fouillés en tous sens. Bientôt la métropole apprit que cette colonie oubliée et presque inconnue allait lui envoyer des richesses plus grandes que n'en rapportèrent jamais du nouveau monde les vaisseaux des navigateurs du XVIe siècle.

Les premières mines découvertes furent les « alluvial diggings » ou mines humides, situées dans le lit des rivières ou sur leurs bords, dans des terrains d'alluvions.

Vers 1869–70, un boër hollandais trouvait, dans les débris de sa maison bâtie de boue ou d'une sorte de pisé, des diamants. Des recherches faites dans les lieux d'où cette terre provenait amenèrent la découverte des mines sèches. « dry diggings, » qui sont les plus importantes et presque les seules exploitées.

C'est à 1,200 kilomètres de la ville du Cap, par 29 degrés de latitude sud et 23 degrés de longitude est, à une altitude d'environ 2,000 mètres, dans la province de Griqualand-West, proclamée territoire anglais en 1871, que sont situés les champs diamantifères de l'Afrique australe.

. Cette province est traversée par le Vaal ou Gariep, rivière capricieuse qui a changé plusieurs fois de lit et qui actuellement se dirige, par un cours sinueux, vers l'ouest, jusqu'à ce qu'elle se jette dans l'Orange. Celui-ci est le

plus grand fleuve de l'Afrique du sud; il prend
source dans les monts de la Cafrerie, coule du
nord-est au sud-ouest dans un bassin enve-
loppé de terrasses montagneuses, entre lesquelles s'étendent des karrous, plaines sans eau,
stériles, qui, à la saison des pluies, se couvrent
d'une végétation très riche, mais éphémère. La
constitution géognostique de cette contrée est
incomplètement connue; elle est caractérisée
par le couronnement de grès en strates horizontales qui couvrent le sommet de toutes les montagnes et repose sur une base de granit.

Les champs diamantifères alluviens sont situés le long du Vaal depuis Bloemhof, près de
Prétoria, capitale du Transvaal, jusqu'à sa jonction avec l'Orange; comme aussi dans le lit et
sur le bord des affluents de cette première rivière dont les principaux sont le Modder et le
Vet. Sur les rives de l'Orange, ils paraissent
s'étendre jusqu'à Hope-Town. Il est bon de noter
que les bords de ce fleuve, en amont de sa jonction avec le Vaal, ne sont pas diamantifères.

Dans ces terrains, les diamants se trouvent à
une petite profondeur, accompagnés de cailloux
arrondis de quartz amorphes, d'agates, de jaspes
et de fragments de bois silificiés. Ici comme
dans les mines de l'Inde et du Brésil, on tourne
instinctivement les yeux vers les montagnes

d'où les eaux ont probablement charrié, avec les minéraux roulés dont nous venons de parler, le précieux cristal dont elles seraient le berceau.

C'est bien en effet des monts Draken, où le Vaal prend sa source, que viennent tous ces débris quartzeux et ces bois fossiles qui sont certainement de la même espèce que ceux qu'on trouve en abondance et en gros blocs dans ces montagnes. Toutes les rivières qui en descendent, notamment l'Umgéni, la Tugela, la Péenaar, en charrient des fragments plus ou moins grands, mais toujours très abondants. En est-il de même pour le diamant? Cela est probable, bien que, à la vérité, ce minéral ne se rencontre pas dans plusieurs rivières qui descendent aussi des monts Draken et qui ont charrié tous les cailloux précités, le diamant excepté. Celui-ci n'avait pas non plus été rencontré dans le Vaal en amont de Bloemhof, mais récemment des mineurs l'ont trouvé sur les rives de ce fleuve à cent milles plus près de sa source.

Nous croyons que des recherches ultérieures et plus sérieuses que celles qui ont à peine été tentées jusqu'ici amèneront les mineurs jusqu'à la source des eaux. On ne peut, suivant nous, rien conclure de l'absence de ce cristal dans certaines rivières qui, comme le Vaal, descendent des Drakenbergen, attendu que les mineurs ne l'y ont jamais cherché, persuadés qu'ils sont qu'aucune mine de rivière ne saurait donner un produit égal à celui des *dry diggings* qui sont seules exploitées.

Si les montagnes d'où viennent les cailloux qui accompagnent le diamant des terrains d'alluvion n'étaient pas son gîte primitif, il faudrait supposer que des dépôts diamantifères, analogues à ceux connus de nos jours, ont existé à plusieurs lieues de Bloemhof et que ces dépôts, entraînés par les eaux, ont couvert les rives du Vaal. On expliquerait de la même manière la présence du diamant sur les bords du Modder, du Vet et des autres affluents du Vaal.

Dans ce cas les matières qui l'accompagnent dans les mines actuellement en exploitation devraient se retrouver également dans les mines d'alluvions ; tandis qu'elles y manquent presque toutes et qu'il est impossible de supposer que ces minéraux très durs aient disparu dans un trajet si court, tandis que des substances beaucoup plus décomposables seraient restées intactes. Il est en outre bien connu que les cristaux des couches alluviennes offrent des caractères tout différents de ceux qu'on extrait des *pans* exploités.

Nous avons déjà dit que les mines de rivières

sont à peu près entièrement abandonnées. Il est donc inutile de parler du mode d'exploitation, qui, d'ailleurs, soit dans l'extraction des sables, soit dans leur lavage, n'offrait aucun caractère nouveau.

Là où tout est changé : la nature des pierres, celle du sol, la richesse du gisement, le mode de travail, c'est dans les mines dites *dry diggings* ; celles-ci sont de beaucoup les plus riches que l'on ait connues dans tous les temps et dans tous les pays.

C'était avant leur découverte de petits monticules appelés *kopjes*, qui atteignaient jusqu'à cent pieds d'élévation au-dessus des vastes plaines où ils sont situés. Ces kopjes, dont plusieurs sont à peine dessinés, forment un groupe qui se dirige du nord-est au sud-ouest dans une longueur de 250 kilomètres.

Quatre d'entre eux sont devenus célèbres par les richesses qu'ils livrent largement à des milliers d'ouvriers qui les exploitent.

La première mine découverte fut celle de *Dutoit's pan* : c'était le nom du propriétaire de la ferme où elle était située. Bientôt après on découvrit *Bultfontein* et enfin, à quelques kilomètres de là, *Old de Beer's* et *Colesberg-Kopje*, aujourd'hui *Kimberley*, au nord du Vaal.

Ces quatre mines présentent la même structure, on y emploie le même mode de travail.

On exploita d'abord le sol sur une vaste étendue. Le diamant y était choisi sur place et sans lavage; le sol n'était fouillé qu'à une petite profondeur, les couches inférieures n'étant d'aucun rapport.

Bientôt on reconnut que le terrain des éminences était plus riche que celui de la plaine et que le diamant s'y trouvait à tous les étages. La masse y devenait, il est vrai, plus cohérente, elle prenait même la consistance rocheuse et une couleur différente, mais le précieux cristal s'y trouvait toujours. On put plus tard constater qu'on travaillait dans une sorte de puits (*pipes*) ou d'immense bouche béante dont l'intérieur était comblé de terrain diamantifère, enclavé par des grès formant paroi ou, si l'on préfère, entouré d'un mur naturel de composition schisteuse, appelé *reef*. Ces schistes, dont l'âge n'a pu être déterminé, ne renferment pas du diamant. Leur disposition et leur exhaussement au-dessus des couches voisines qu'on ne rencontre qu'à des profondeurs supérieures à 10 mètres, démontrent incontestablement que ces *reef* se sont formés en se créant passage à travers les couches de grès qui constituent le sol de la plaine.

Cette roche disposée en feuillets horizontaux

est coupée brusquement ; légèrement inclinée du dedans en dehors, elle atteint à une profondeur qui dépasse cent mètres. La largeur de ces puits, varie ; celui de Kimberley a une circonférence de 2,500 mètres.

La roche qu'ils contiennent est essentiellement la même. C'est une masse terreuse pulvérulente douce au toucher. La première couche qu'on rencontra était une terre argileuse rougeâtre et peu riche en diamants. A quatre pieds environ, on découvrit une seconde couche de terre jaune offrant plus de cohésion que la première, d'une profondeur de quarante pieds anglais, où l'on trouvait de gros diamants. Une troisième couche de terre d'une couleur verdâtre, ayant cinq ou six pieds d'épaisseur dans certains endroits et dans d'autres vingt, fut mise à nu. Elle contenait des diamants en assez grande abondance. Enfin on en atteignit une quatrième de couleur bleuâtre, mais tellement dure qu'on dut recourir à la nitroglycérine pour la fouiller. Le rendement de cette couche est bien supérieur en qualité à celui des premières exploitations. Des roches qu'on croit éruptives ont traversé cette roche dont la composition a été étudiée par les géologues les plus éminents.

D'après M. Dunn, elle consiste en une euphotide plus ou moins décomposée, dans laquelle se présentent des fragments de schiste, de gneiss et d'autres roches, généralement cimentées par du calcaire. Avec l'euphotide très faible on rencontre des minéraux variés, grenat, mica, bronzite, augite, diapside, diallage, pyrite de fer et le diamant.

Le grenat s'y trouve surtout en fragments; rarement il présente ses douze faces complètes. Les petits cristaux sont seuls transparents. Des grenats réunis par une matière argileuse y forment aussi une roche qui a dû, avant d'entrer en décomposition, se rapprocher des éclogites. Vient ensuite, en grande quantité, l'ilménite en assez beaux cristaux. Les roches granitiques, qui se trouvent surtout vers le haut de la mine, sont représentées par des quartz en petits cristaux, mais le plus souvent amorphes. Le feldspath, dont la présence a échappé à M. Maskelyne, s'est présenté plusieurs fois dans le cours des observations de M. Meunier. La vaalithe s'y rencontre en petits et en gros fragments.

La smaragdite dont parle M. Maskelyne y est excessivement rare; elle s'offre cependant quelquefois dans les mines de Kimberley en fragments cristallins. La bronzite se présente presque partout, mais surtout à Old de Beer's, en fragments de grande dimension. Ces cristaux y forment deux variétés, l'une verte et l'autre brune. La pyrite ne se trouve guère qu'à Kimberley. Viennent ensuite l'opale, l'agate, le jaspe. La calcite existe à toutes les profondeurs sous la forme d'infiltrations; dans les parties basses, elle couvre d'une couche mince les cristaux de diamant; dans le haut de la mine, on la rencontre sous forme de beaux cristaux. Parmi les minéraux dus à des infiltrations, il faut citer la craie et d'autres concrétions calcaires.

MM. Maskelyne et Flight pensent que la pâte qui lie ces minéraux est un bronzite volcanique que l'eau et d'autres causes secondaires ont amené à l'état actuel.

Dans le haut de la mine on a trouvé, à 18 ou 20 pieds de profondeur, des matières étrangères diverses, dont l'apparition peut s'expliquer facilement par des causes postérieures. Au milieu des terres de la brèche se montrent çà et là des roches isolées de dimensions variables ayant jusqu'à 8 ou 10 pieds de diamètre, distribuées très irrégulièrement.

Le diamant a commencé à se montrer presque à la surface du sol, et son lit semble s'étendre jusqu'à une profondeur qu'un sondage permet d'évaluer à 450 pieds.

Il est empâté dans la roche et entouré souvent d'une enveloppe opaque de carbonate de chaux. Dans les parties profondes de la mine, il est pur et moins coloré que dans le haut. Les cristaux sont bien formés, mais trop souvent réduits en fragments dont on ne retrouve jamais les parties correspondantes. Les formes holoédriques sont très fréquentes.

La couleur de la plupart de ces diamants comprend toutes les nuances du jaune. C'est dans les mines de Dutoit's pan et de Bultfontein que sont le moins rares les pierres blanches et limpides. Kimberley est renommée pour la quantité et la grosseur de ses diamants. On y a trouvé beaucoup de pierres de 100 et 150 carats, quelques-unes de 200 environ, et une, le Stewart, qui pesait brut 288 carats; il appartient à la maison Pittar Leverson et Cᵉ, de Londres. Après avoir été taillé, il a produit un brillant de 128 carats. A Kimberley et Old de Beer's, les cristaux sont rarement incolores.

Les diamants du Cap présentent une autre particularité : plusieurs éclatent au contact de l'air, et les pierres qui y sont le plus sujettes sont précisément celles qui sont les plus précieuses en raison de leur eau et de leur forme octaédrique à arêtes vives. Elles éclatent ordinairement dans l'espace de la première semaine, et quelquefois même au bout de deux ou trois mois. Pour empêcher cet effet de se produire on n'a pas trouvé d'autre moyen que d'enduire de suif la pierre aussitôt après sa découverte.

MM. Story Maskelyne et Flight semblent croire que la plus grande quantité de diamants se trouve au voisinage des *dykes* de diorite ou de phonolithe qu'on rencontre quelquefois.

Ces savants disent, avec M. Gust. Rose, que les cristaux de diamant portent des traces de combustion et que la roche en question, à une certaine profondeur de la surface actuelle et aux endroits où elle est en contact avec le schiste carbonique, était, selon toute probabilité, le gisement originaire du diamant.

Sans discuter cette théorie, nous nous contenterons de faire noter que tel *claims*, qui est adjacent tout à fait à des bancs de diorite, ne vaut pas un *load* de plus qu'un autre qui en est éloigné. Ce fait a été constaté par les exploitants de la mine de Old de Beer's. Aussi le prix des *claims* les plus rapprochés de ces bancs est-il le même que celui des *claims* plus éloignés.

Malgré ces inexactitudes inévitables lorsqu'on ne peut parler *de visu*, le travail de MM. Story, Maskeline et Flight, du British Museum, sur les roches diamantifères de l'Afrique du Sud est des plus précis et des plus remarquables. (Voir The Quaterly Journal of the Geological Society, t. XXX, p. 406.)

Tous les géologues sont d'accord pour reconnaître que les *reefs* des monticules diamantifères ont été soulevés de bas en haut. L'observation directe conduit à cette conclusion. Mais il ne sont pas aussi unanimes sur le mode de remplissage de ces brèches.

Ici l'on se heurte aux théories les plus opposées; quelques-unes même sont attribuées, de bonne foi d'ailleurs, à des savants qui y sont tout à fait étrangers et à la science desquels elles ne font aucun honneur.

La théorie glaciale laisse trop de faits inexpliqués; elle est en outre trop abandonnée pour qu'il soit utile de la reproduire ici.

On pourrait, d'un autre côté, croire que la masse diamantifère qui comble les brèches a été transportée des environs par un diluvium qui aurait comblé les dépressions naturelles; que les alluvions, par exemple, qui recouvrent les bords des rivières auraient rempli ces puits antérieurs à leur formation.

Cette action secondaire s'explique difficilement si l'on remarque que les diamants des « dry diggings » et ceux des terrains d'alluvions ne présentent pas les mêmes caractères et que dans ces derniers les matières qui accompagnent le précieux minéral manquent de presque toutes les substances que l'on rencontre avec lui dans les *pans*.

La surface des mines sèches devrait, si on admettait la théorie des alluvions, se trouver au même niveau que les terrains environnants, et l'existence des monticules dont nous avons parlé resterait inexpliquée. On ne saurait pas davantage pourquoi le sol, autour des mines, ne serait pas aussi riche que dans leur profondeur.

Or, il est bien connu que les détritus diamantifères sont localisés aux environs des mines, ce qui porte à conclure que ces couches, d'ailleurs peu profondes, proviennent des monticules mêmes où le diamant se trouve en abondance.

Aussi tous les géologues admettent-ils actuellement que, comme les *reefs*, la roche diamantifère encaissée a été amenée de bas en haut.

M. Dunn a conclu que le diamant aurait été apporté de bas en haut dans une roche éruptive. La disparition complète de tout vestige de cratère et des produits ordinaires des volcans serait due, selon le savant précité, à des érosions persistantes qui se seraient produites à la surface du sol.

Les nappes éruptives sont d'ailleurs fréquentes dans certaines parties de d'Afrique australe, que M. Georges Stow a fait connaître.

Si les *pans* du Griqualand sont remplis par une roche qui diffère des dolérites que l'on rencontre dans les terrains volcaniques voisins, ce fait provient uniquement de l'altération sur place de roches pyrogènes. C'est l'opinion des professeurs Ramsay et Maskelyne.

Mais cette décomposition exercée sur certains corps, alors que d'autres corps beaucoup plus attaquables sont restés intacts, a paru inadmissible à M. Stanislas Meunier, professeur au Muséum d'histoire naturelle de Paris.

Ce géologue, dans un mémoire adressé à l'Académie des sciences, dont M. Daubrée, le savant directeur de l'Ecole des mines, et M. Des Cloizeaux ont rendu compte en termes très flatteurs pour l'auteur, développe les résultats de l'analyse qu'il a faite des sables de la mine de Dutoit's-pan. « Soumis au triage, les sables ont fourni, outre un limon fin, environ quatre-vingt variétés de grains distincts et étudiés successivement. Parmi ces grains, les uns sont des fragments de roches diverses et les autres des minéraux proprement dits, parfois très bien cristallisés... Ce qui domine, ce sont les débris d'une roche noirâtre, bréchoïde, douce au toucher, parfois friable et sur la nature de laquelle il semble qu'on ne soit pas arrivé avant nous à une solution satisfaisante. C'est, avant tout, un silicate magnésien hydraté, renfermant un peu d'alumine comme il arrive à plusieurs variétés serpentineuses, surtout après diverses altérations. Les minéralogistes anglais voient dans cette matière le produit dérivé de roches fort différentes. M. Maskelyne, par exemple, est porté à penser que la roche qui nous occupe résulte d'un minéral augitique dont une partie de la chaux et de la silice aurait été séparée. M. Forbes y voit un basalte, altéré selon le mécanisme décrit par M. Zirkel, qui a montré comment le péridot peut parfois passer à l'état serpentineux. »

M. Meunier ne peut admettre une décomposition si facile; il voit une étroite relation entre les roches de Dutoit'span et les brèches serpentineuses de beaucoup de régions. Parmi les débris de roches, ceux qui dominent dans ces brèches sont précisément ceux d'une roche bréchiforme consistant en un silicate magnésien hydraté que M. Meunier rapproche des brèches serpentineuses altérées de Toscane et des environs de Gênes. Il a même rencontré des fragments peu altérés qui sont certainement une serpentine dont on trouve aussi des analogues. Des roches si différentes que celles de saglite, de pegmatite, de talcschiste qu'on y retrouve ont difficilement pu se former d'un seul coup, à l'état de mélange, sous l'action de causes communes et dans des conditions identiques pour toutes.

« Il faut de toute nécessité que chacune de

ces roches ait été arrachée à un gisement spécial,
puis charriée jusqu'au point où le mélange actuel
a eu lieu.

« Or, admettre d'un côté l'origine profonde
des sables à diamants et, d'autre part, y reconnaître le produit d'un transport, c'est les
ranger dans la même catégorie que les sables
granitiques intercalés en amas verticaux au
travers des terrains stratifiés, c'est-à-dire les
comprendre parmi les *alluvions verticales* dont
ils représentent un des types les mieux caractérisés. »

Ces alluvions verticales, qu'ont étudiées
MM. Meunier, Potier, Douville, Salvetat, expliquent des phénomènes géologiques sur lesquels
on n'avait émis jusqu'ici que des hypothèses plus
ou moins vraisemblables. Elles permettent surtout de se passer de la supposition de causes
d'une énergie exceptionnelle et inconcevable
pour expliquer des faits que des causes actuellement agissantes peuvent produire. Les puits ar-
tésiens, qui amènent à la surface du sol des sables
provenant de couches à 500 mètres de profondeur,
peuvent donner en petit une idée de ces alluvions verticales, dont un type assez précis est
fourni par les sables éruptifs qui remplissent
une faille ouverte au travers des couches de craie
et d'argile qui forment la colline de La Mala-

drerie, à Montainville. Les *Mud lumps* sur le Mississipi en sont un autre exemple.

« Le principe qui doit expliquer ces faits, dit M. Thomassy, est celui de la presse hydraulique, dont les effets sont prodigieux et capables de faire éclater des portions de montagne et de produire de terribles avalanches. »

Il serait difficile de se faire par comparaison une idée de l'immense force de soulèvement exercée sur une vaste nappe souterraine située à l'endroit actuel des mines du Griqualand-West et dont la colonne alimentaire serait sur les monts Draken, par exemple, à 700 ou 800 mètres de hauteur.

La théorie volcanique et celle des alluvions verticales expliquent également bien le soulèvement et le remplissage de bas en haut que la disposition des sables, en amas verticaux au travers de toute la masse et la différence entre les terrains encaissés et ceux de la plaine environnante, ne permet pas de mettre en doute. Mais la première laisse inexpliqué ce fait étrange de la décomposition de la matière volcanique en fragments de roches bien caractérisées et très distinctes, tandis que la seconde nous indique le véhicule qui a conduit ces débris divers de gisements différents pour les réunir dans la même masse.

M. Collingwood Kitto pour expliquer ces faits
ajoute à l'action volcanique celle de tremblements de terres. L'une aurait produit la brèche,
l'autre l'aurait remplie. Les roches rejetées de
bas en haut auraient été formées, avec les diamants qu'elles enclavent, avant d'être déposées
dans leur gîte actuel. Cette théorie explique
sans doute beaucoup de faits et surtout la présence dans la brèche de certaines roches qui ne
peuvent provenir de la décomposition de matières pyrogènes. Mais ce qu'il est difficile de
concilier avec les tremblements de terre, c'est la
forme circulaire qu'affectent les pans qui nous
occupent.

Dans le Bulletin de la société de minéralogie,
du 11 décembre 1879, MM. Fouqué et A. Michel-
Lévy publient une étude sur les roches qui accompagnent le diamant au Cap et qui, selon eux,
présentent tous les passages entre des dolérites
et des euphotides à structure ophitique, tantôt
caractérisées par la prédominance de l'oligoclase,
tantôt par celle du labrador, tantôt enfin par celle
de l'anorthite. On peut citer comme points de
comparaisons avec les brèches de l'Afrique australe, celles qui accompagnent les ophites des
Pyrénées. Un fait absolument nouveau, qui inté-
resse vivement parce qu'il peut amener à l'explication d'un des modes de formation du diamant,

c'est la découverte de cristaux microscopiques de carbone dans une ophite andésitique.

Mode de travail. — Le système d'exploitation est le même dans les quatre mines dont nous avons étudié l'aspect géologique. Il suffira donc de décrire le mode de travail dans l'une d'elles. C'est de la mine de Kimberley que nous parlerons, parce qu'elle est la plus riche et la plus exploitée.

Aussitôt après la découverte de cette mine et dès que son emplacement fut bien connu, le gouvernement du Cap en divisa la superficie, qui est d'environ 117,000 mètres carrés, en parcelles égales et carrées de 30 pieds anglais de côté. Ces parcelles appelées *claims* furent cédées moyennant le paiement d'un droit annuel d'exploitation qui est perçu par les caisses de l'Etat. Il arriva bientôt qu'on céda des fractions de claims, de sorte que dès 1871 le nombre des propriétaires atteignait le chiffre de 1,600.

Le travail qui s'opère sur une si petite étendue de terrain consiste à ouvrir des tranchées et ne pourrait guère se comparer qu'au travail d'un puisatier. Les matériaux provenant des fouilles, et qui contiennent le diamant, étaient d'abord facilement transportés dans les lieux appropriés au lavage; mais à mesure qu'on arrivait à des

couches plus profondes la difficulté augmentait.
On avait établi douze voies carrossables qui ser-
pentaient à travers la mine. Elles disparurent
bientôt sous la pioche des mineurs, et l'on dut
transporter les sables diamantifères du centre à
travers des claims en exploitation. Et comme le
gouvernement avait eu le tort de ne faire dresser
aucun plan et n'avait pris aucune mesure préa-
lable pour rendre le travail uniforme et régulier,
au détriment peut-être de quelques exploitants
acharnés sur la brèche, mais dans l'intérêt
commun ; il arriva que tel *claims* atteignait à
une profondeur considérable, quand le *claims*
voisin était encore élevé jusqu'à une petite distance du niveau supérieur.

L'inégalité des profondeurs atteintes, la petite
étendue des concessions ainsi isolées par des
fouilles bien plus avancées, donnèrent en peu
d'années à la mine l'aspect le plus pittoresque.
Des bords du *reef*, ou mur naturel de grès qui
entoure la mine, on se croirait sur le cratère
ouvert d'un immense volcan qui laisse voir dans
son sein les ruines d'une ville cyclopéenne en-
gloutie, que la pioche de milliers d'ouvriers vou-
draient ramener à la lumière.

Ces puits taillés à ciel ouvert avec leur différence de niveau apparaissent ici comme des pi-
liers restés debout ou des tours que rien n'a pu

abattre ; là le gouffre s'est ouvert et a tout en-
glouti ; d'un côté des plates-formes, des terrasses,
de l'autre des pans de murs qui se soutiennent
à peine, et tout cela empâté dans la lave durcie
que la mine brise et qu'on emporte soigneusement comme des reliques antiques. Des milliers
de fils de fer, en réseaux inextricables, traver-
sent l'immense cratère. Ce sont des câbles en fil
de fer qui mettent en communication chaque
claims avec les bords de la mine. Leur nom
aerials railroads (chemin de fer aérien) indique
suffisamment qu'ils servent à enlever à la surface les débris de roches qui contiennent le
diamant. Deux *tubs* (sorte de tonne) roulent
chacun sur un câble fortement tendu du fond de
la mine au bord de la brèche : l'un monte plein
pendant que l'autre descend vide ; ils sont mis
en mouvement par des cordes en fer qui s'enrou-
lent autour de la bobine d'une machine à vapeur ou d'un whim à chevaux.

Ces *tubs* arrivés à la surface se déversent dans
une sorte de boite ou « *depositing Box,* » d'où
ils passent dans une charrette qui les conduit au
« *depositing Floor*. » Là, les roches sont arrosées
par de l'eau que fournissent des puits creusés
sur place ; ainsi imbibées et grâce aussi à l'action
atmosphérique, elles se désagrègent et deviennent
molles. On peut alors procéder à un premier

lavage qui enlève les terres. Les fragments qui restent sont ceux qui contiennent le diamant.

On les met dans un crible tournant où la désagrégation continue ; les gros morceaux restent dans le crible et le reste est amené par l'eau dans la *washing machine*, où des roues dentées activent la séparation. La matière qu'on en tire après un travail de cinq ou six heures est un sable fin qu'on emporte dans des tamis, qui sont encore agités dans de l'eau pure ; enfin on choisit le diamant.

Ce travail donne une idée de la dureté de la roche diamantifère.

A mesure qu'on creuse plus profondément elle semble durcir davantage. Quand, il y a à peine deux ans, on atteignit la couche bleue, qui est jusqu'ici la plus profonde, elle était si dure qu'on crut avoir rencontré la roche granitique. Grande fut l'appréhension. On sut bientôt que c'était une roche de même nature que la précédente, un peu plus dure, il est vrai, mais dans laquelle on trouve des diamants d'une qualité supérieure à ceux que donnaient les premières couches. C'est au moyen de la nitroglycérine qu'on arrache la roche à son gisement et qu'on la divise. Les claims sont si étroits qu'il faut beaucoup de précaution pour empêcher la projection du précieux terrain dans une concession voisine. Les morceaux ainsi obtenus sont ensuite cassés, au moyen de pioches. Une surveillance vigilante est exercée sur les nègres qui font ce travail, pour prévenir le vol des diamants qui quelquefois se détachent de leur matrice.

Après la panique occasionnée par la découverte de la couche dure actuelle, on eut l'idée de faire des sondages ; celui pratiqué au claims n° 403 permet d'espérer que la roche plusiaque s'étend encore à une grande profondeur. L'apparition inopinée de la roche primitive n'est donc pas ce qui doit inquiéter les exploitants.

Une crainte plus légitime est celle qu'inspirent les *reefs* ou amas de roches schisteuses qui entourent la mine ; elles sont disposées en couches horizontales quelquefois inclinées ; elles sont tellement délitées par l'air, qu'elles menacent en plusieurs points de s'écrouler. Des éboulements ont souvent réduit au chômage les propriétaires des *reefs claims*, des capitaux considérables étant nécessaires pour enlever ces décombres. M. Wallis, dans la mine de Dutoit's pan, a dû dépenser plus de quatre cent mille francs pour déblayer ses claims encombrés par un éboulement.

Le danger devient de jour en jour plus imminent. Aussi M. Collingwood Kitto qui, l'année dernière, reçut du gouverneur de la colonie mission de visiter les mines de diamants, attirait-il l'attention du gouvernement sur le danger continuel qui menace les intérêts des concessionnaires et la vie des travailleurs. Si les éboulements sont si fréquents au moment présent, qui peut prévoir ce qui arrivera lorsque tous les puits seront à trois cents pieds de profondeur ? Comment parviendra-t-on à étayer les murs immenses de ce gouffre béant ? C'est une grave question qu'il faudra bientôt résoudre sous peine d'abandonner la mine.

Déjà il paraît que le Mining Board a pris des mesures qui, pour être tardives n'en seront pas moins utiles.

Le Mining Board est une sorte de syndicat composé, en parties égales, de membres choisis par le gouvernement parmi les mineurs et de membres élus par les propriétaires de *claims*. C'est lui qui fixe pour chaque « *claims* » l'estimation qui doit servir de base à l'impôt annuel proportionnel.

Cette estimation est ainsi faite : on évalue d'abord le produit d'un *load* de roche. Le load est une mesure cubique ; on compte ensuite le nombre de charretées de roche extraite pendant un temps donné, et on multiplie ce nombre par le produit du load.

D'après le Mining Board la mine de Kimberley vaudrait plus de soixante millions. Dans cette estimation est sans doute compris le matériel consistant en nombreuses machines à vapeur que plusieurs grandes compagnies y ont établies, en outils, en chemins de fer aériens, en moyens de transport, etc. M. C. Kitto, en 1879, évaluait la valeur de cette mine à un chiffre inférieur de moitié à celui du Mining Board.

Une compagnie française, au capital de treize millions, vient de se fonder par la fusion de plusieurs compagnies anglaises de la mine de Kimberley. Paris, le plus grand marché de diamants taillés, qui depuis plusieurs années est aussi le marché de tout le brut du Brésil, verra, grâce à cet heureux évènement, affluer une partie du brut du Cap et sera, plus que jamais, pour cette industrie riche et prospère, la première place du monde.

VI

Une étude géologique des monts Ourals avait amené M. de Humboldt à conclure qu'il devait s'y trouver des diamants. Des recherches, qui malheureusement ne furent pas suffisamment étendues, vinrent bientôt justifier la théorie de ce savant. Ces gisements qui sont les mêmes que ceux de l'or et du platine ne sont pas exploités, le rendement n'étant pas suffisant pour payer le travail.

Nous avons peine à croire à l'authenticité de certains diamants que possèdent quelques minéralogistes et dont le gisement serait en Algérie sur les bords du Goumel, près de Constantine. Ces cristaux, s'ils ne viennent directement de l'Inde ou du Brésil, doivent présenter tout au plus un intérêt archéologique, toute valeur intrinsèque mise à part.

On peut en dire autant de ceux qu'on prétend avoir trouvés en Australie et en Californie. D'après Pline, les Romains n'allaient même pas le chercher si loin. Sans parler de l'Éthiopie, ils en trouvaient en Chypre.

D'ailleurs, la présence de quelques diamants en un point donné ne suffit pas pour établir ce qu'on appelle une mine. Il faut qu'ils y soient en abondance suffisante pour que l'exploitation soit suffisamment rémunératrice. L'excessive abondance du précieux minéral a donné jusqu'ici des bénéfices considérables dans les mines du Cap; mais les ingénieurs les plus compétents sont d'avis que cette exploitation serait désormais onéreuse si de capitaux énormes ne sont consacrés à des travaux qui puissent rendre possibles les fouilles ultérieures.

CHAPITRE IV

LA TAILLE DU DIAMANT

I. Historique. — II. Opérations de la taille.

« Le diamant brut et le diamant poli sont l'un et l'autre du diamant, mais le diamant brut c'est le réel, le diamant poli c'est l'idéal » (1).

C'est en effet la taille qui donne au diamant le poli, le brillant, l'éclat, qui en font le plus riche des joyaux. Tel qu'on le trouve dans les mines, il ne diffère d'un caillou de quartz que par sa forme régulière.

Bacon définissait l'art : « Homo additus naturæ, » l'homme ajoutant son âme à la nature. C'est bien en effet l'homme qui donne tout son épanouissement à la beauté de ce cristal. Par le

(1) *Grammaire de l'art*, par Charles Blanc, de l'Académie française et de l'Académie des beaux-arts.

nombre des facettes qu'il sait créer sur cette gemme, il en multiplie l'éclat à l'infini; par l'ordre et l'harmonie de leur disposition, il en embellit la forme; par le poli qu'il sait lui donner, il en double les reflets.

C'est le travail de l'homme qu'il s'agit de décrire après avoir étudié l'œuvre de la nature.

La taille du diamant est une découverte moderne. Les anciens, qui avaient porté au plus haut degré de perfection l'art de polir et de graver les pierres précieuses, ne savaient ni tailler, ni polir le diamant. Tous les auteurs qui ont seulement nommé cette gemme constatent ce fait.

Aussi était-on réduit à l'employer telle qu'on la trouve dans les terrains qui la recèlent. C'est ainsi, en effet, que nous la voyons figurer dans les vieilles châsses, dans les anciens reliquaires de nos églises, dans les bijoux de nos premiers rois. L'agrafe du manteau du plus puissant monarque de l'Europe du moyen-âge, était ornée de quatre diamants bruts, dits *pointes naïves*.

Certains auteurs, se basant sur ce fait incontestable que les anciens excellaient à graver les pierres dures, opération pour laquelle ils se servaient de fragments de diamants enchâssés dans des outils en fer, ne peuvent admettre qu'ils aient ignoré que ce dur minéral pouvait produire le même effet sur lui-même. Il n'est pas moins extraordinaire, sans doute, que les mêmes anciens qui savaient fondre le fer doux, ce qui exige une chaleur de 1,500 degrés, n'aient jamais pu parvenir à brûler le diamant qui s'enflamme vers 1,350 degrés, sans qu'il soit nécessaire de recourir à aucun appareil particulier.

On se perd dans de vaines conjectures quand on veut se rendre compte de ces faits. C'est plus que jamais le cas de dire avec Pascal : « Ceux que nous appelons anciens étaient véritablement nouveaux et formaient l'enfance des hommes proprement.

« Ils doivent être admirés dans les conséquences qu'ils ont bien tirées du peu de principes qu'ils avaient, et ils doivent être excusés dans celles où ils ont plutôt manqué du bonheur de l'expérience que de la force du raisonnement. »

C'est en 1476 que fut découverte la propriété qu'a le diamant de se tailler et de se polir lui-même.

« Le ciel doua *Louis de Berquem*, qui était natif de Bruges, comme un autre Bezellée, de cet esprit singulier au génie, pour en trouver de lui-même l'invention et en venir heureuse-

ment à bout. Son père, qui le destinait à toute
autre occupation, l'envoya à l'Université de
Paris pour étudier les belles-lettres humaines.
Mais comme son esprit était de la trempe de ces
autres esprits méditatifs, que la force de l'imagination emporte bien avant, il n'y fit aucun
progrès: tout au contraire, il consomma tout
son temps en mille et mille gentillesses et
inventions entièrement éloignées de l'application que doit avoir nécessairement un
écolier.

« Le père, averti, le rappelle en sa maison, et
le voyant occupé en des machines et en des
préparatifs tellement extraordinaires qu'on
n'en pouvait du tout point prévoir l'usage
(qu'il avait fait faire en France et qu'il avait
apportés avec lui), il lui laissa toute l'étendue de
son esprit, pour pouvoir dans une pleine liberté
exécuter quelque chose de grand. Ce père était
noble aussi bien d'humeur que de race ; et
comme en son pays aussi bien qu'en Allemagne,
Pologne, Italie et ailleurs on juge plus équita-
blement de la noblesse qu'on ne fait en France,
dans tous lesquels pays on tient que c'est proprement le vice et l'oisiveté qui y déroge et non
le trafic et tout autre exercice honnête, il laissa
agir son fils, lequel, pour bien dire, ne fit rien
au préjudice de sa naissance.

« Ce fils, ou ce Louis de Berquem fit l'épreuve de ce qu'il s'était mis en pensée dès le commencement de ses études. Il mit deux diamants sur le ciment, et après les avoir égrisés l'un contre l'autre, il vit manifestement que, par le moyen de la poudre qui en tombait, et l'aide du moulin et certaines roues de fer qu'il avait inventés, il pourrait venir à bout de les polir parfaitement, même de les tailler en telle manière qu'il voudrait. En effet, il l'exécuta si heureusement depuis, que cette invention dès sa naissance eut tout le crédit qu'elle a eu depuis, qui est l'unique que nous ayons aujourd'hui.

« En même temps, Charles, dernier duc de Bourgogne, à qui on en avait fait récit, lui mit trois grands diamants entre les mains pour les tailler avantageusement suivant son adresse. Il les tailla dès aussitôt, l'un épais, l'autre faible et le troisième en triangle; et il y réussit si bien que le duc, ravi d'une invention si surprenante, lui donna trois mille ducats de récompense.

« Puis ce prince, comme il les trouvait tout à fait beaux et rares, fit présent de celui qui était faible, au pape Sixte IV, et de celui en forme de triangle et d'un cœur, réduit dans un anneau et tenu de deux mains, pour symbole de foi, au roi Louis XI, duquel il recherchait alors la bonne intelligence. Et quant au troisième, qui était la pierre épaisse, il le garda pour soi et le porta toujours au doigt, en sorte qu'il l'y avait encore quand il fut tué devant Nancy, un an après qu'il les eût fait tailler, savoir en l'année 1477. »

Nous avons emprunté ces détails à un Traité sur les pierres précieuses, publié à Paris moins de deux cents ans après la découverte de Louis de Berquem, dédié à Mademoiselle de France, dont l'auteur est Robert de Berquem, petit-fils de Louis de Berquem.

Ce récit n'a été contesté ni du vivant de l'auteur, ni plus tard. L'abbé Mariette l'a appuyé de l'autorité et de la compétence qui s'attachent à son nom. D'Alembert et Diderot rappelant ce fait dans l'*Encyclopédie du XVIIIᵉ siècle*, s'expriment ainsi : « C'est une découverte moderne qui n'est point le produit de la recherche des gens qu'on nomme dans le monde gens d'esprit, ni même des philosophes spéculatifs. Ce n'est pas à eux que nous en sommes redevables, non plus que des inventions les plus étonnantes, mais au pur hasard, à un instinct mécanique, à la patience, au travail et à ses ressources. »

Ces généreux esprits, en écrivant le nom de Berquem, étaient heureux de prédire que ce nom « *après eux, n'aurait plus à craindre de se perdre dans l'oubli.* »

De nos jours on s'est appliqué à contester à Louis de Berquem l'honneur de sa découverte.

Un homme éminent par son savoir et redoutable par sa compétence s'est inscrit en faux contre l'invention attribuée à l'illustre enfant de la ville de Bruges.

Pline, dans le paragraphe fort développé qu'il consacre aux diamants, dit qu'il y en a qu'un autre diamant peut percer. — « Alio adamante « perforari potest. » — Ce passage du naturaliste romain serait un argument fort concluant en faveur des adversaires de Berquem, si nous ne savions pas qu'il y a dans la nature plusieurs pierres précieuses qui, par leur transparence et leurs formes cristallines, ressemblent au diamant et peuvent être confondues avec lui.

Nous avons déjà vu comment les minéralogistes les plus savants, aujourd'hui même où la minéralogie est une science très précise et fort avancée, sont obligés, pour distinguer certains cristaux, de recourir à la détermination de leur densité et de leurs propriétés optiques, magnétiques, etc.

Nous pourrions même citer, sans méchanceté aucune, telle Académie qui, il y a quelques années, reconnaissait comme diamant un zircon

célèbre et trompeur dont la meule d'un lapidaire que nous avons connu dévoila bientôt la
supercherie. Ce sont des cristaux de zircon, d'é-
meraude incolore, etc., que Pline, très excu-
sable, et les anciens avec lui, prenait pour du
diamant et qui était percé par du vrai charbon
cristallisé.

Il est vrai que ces mots seuls, quelle qu'eût
été d'ailleurs l'intention de l'écrivain, auraient
dû dévoiler au lecteur le secret que Louis de
Berquem ne découvrit que quatorze siècles plus
tard. Et certainement, c'est vrai, tout comme
les siphons dont se servaient les anciens auraient dû leur révéler les lois de la pression atmosphérique, tout comme le couvercle de leur
marmite aurait dû leur dévoiler, aussi bien qu'à
Papin, le pouvoir de la vapeur. La nature est un
grand livre ouvert à tous ; à celui qui sait lire,
les secrets sont dévoilés et cependant beaucoup
des grandes découvertes semblent nées du hasard.

Que Pline ait simplement voulu parler de
certains diamants ou *faux diamants*, moins durs
que d'autres et percés par ceux-ci, et non pas
qu'il ait voulu dire qu'on savait polir et tailler
le diamant, cela résultera trop clairement du
texte même pour que nous puissions nous empêcher de le citer :

« On les éprouve (les diamants) sur l'en-

« clume, et ils résistent si bien aux coups, que
« le fer rebondit de part et d'autre et que sou-
« vent l'enclume se fend ; en effet la dureté du
« diamant passe toute idée, il est d'ailleurs
« inaltérable..... Le diamant sidérite a l'éclat
« métallique du fer : plus pesant que les autres
« espèces, il en diffère aussi en nature : les
« coups de marteau le brisent, un autre dia-
« mant le perce. *Aussi le regarde-t-on comme
« inférieur et n'a-t-il de diamant que le nom.* —
« Breviterque ut degeneres, nominis tantum
« autoritate habent. »

On croit remarquer que vers la fin du XIIIe
siècle et surtout dans la seconde moitié du XIVe,
les diamants prennent dans les prix des montures précieuses un rang qu'ils n'avaient pas
occupé jusque là.

On argue que cette plus-value aurait été
occasionnée par la taille appropriée à ces pierres
et connue déjà à cette époque.

« Vendus d'abord beaucoup moins cher que
les autres pierres fines qui, à autant d'éclat
ajoutent leurs brillantes couleurs, ils prennent bientôt un rang égal et une valeur supérieure. »

Mais le diamant a toujours eu la plus haute
valeur. Déjà chez les Romains il était à la tête,
non-seulement des pierreries, mais encore de

toutes les richesses humaines ; longtemps les rois seuls, et peu de rois, le connurent.—« Maxi-« mum in rebus humanis, non solum inter « gemmas, prætium habet adamas, diù non « regibus, et iis admodum paucis cognitus. »

Ce passage de Pline est trop concluant pour qu'il soit utile de citer encore ceux que nous avons rappelés au commencement de ce livre.

N'a-t-il pas jusqu'au XVIᵉ siècle continué à être réputé intraitable, comme au temps de Pline, par des écrivains qu'on peut citer?

En 1110, saint Brunon d'Asti ne disait-il pas que le diamant est intraitable? « Dicitur de « adamante quod nec igne nec aliqua vi frangi « nec domari possit. »

Et n'écrivait-on pas, en 1372, cent ans avant la découverte de Berquem, que « cette pierre est si dure qu'elle n'est despecée ne par fer ne par feu, ne elle n'est pas eschauffée. Toutesfoys est-elle despecée par le sang du bouc quand il est chauld et nouvel? »   (Le propriétaire des choses.)

Nous avons parcouru le Recueil complet des statuts et ordonnances, règlements et privilèges accordés en faveur des marchands orfèvres de la Ville et Fauxbourgs de Paris, avec les arrêts et sentences du Conseil, du Parlement, Cours des Monnoies, Châtelet et autres juridictions, et nous n'avons rien trouvé qui permette de présumer qu'on ait taillé le diamant à Paris avant la découverte de Berquem. Un seul passage de l'ordonnance du roi Philippe de Valois, confirmée ensuite par le roi Jean, son successeur, pourrait, si on ne savait de quoi il s'agit, laisser un doute.

C'est le suivant : « Item, nul ne peut faire tailler dyamans de béricle, ne mettre en or ne en argent. »

Ce qui veut dire que nul ne peut donner à du béryl la forme d'un cristal de diamant pour tromper l'acheteur.

Tout comme « Nul ne peut roser ne teindre amatistes de quelconques pierres fausses, parquoy elle se doive montrer autre qu'elle n'est de sa nature. » — C'est de la plus élémentaire probité.

On cherche encore ailleurs que dans les textes des arguments contre Berquem. On consulte les inventaires, on relit les détails fournis par les comptes royaux, on compulse les archives communales pour trouver l'existence de corps de métiers, et certes c'est la bonne voie, c'est la plus logique, la plus facile et la plus sûre. Or, quel est le résultat de ces recherches intéressantes?

— Dans tous les inventaires, il est fait mention de diamants bruts, conservés en cet état, montés tels que la nature les a faits. La différence cependant qui existe entre un diamant brut et un diamant taillé est si grande ; celui-là ressemble tellement à un caillou ordinaire, et celui-ci acquiert un éclat si grand et une beauté si parfaite, qu'il n'est pas possible qu'à une époque où la taille aurait été connue, on ait monté à l'état naturel une gemme que l'art du lapidaire sait rendre incomparable.

Nous avons déjà dit que l'agrafe du manteau de Charlemagne était ornée de *quatre diamants bruts.*

Comment concilier avec l'existence de lapidaires en diamants ce fait que les ducs de Bourgogne, plus riches alors que les rois de France et dont la somptuosité n'a jamais été égalée, aient dans leurs joyaux les plus riches, mélangé aux gemmes les plus précieuses que l'Orient ait produites, des diamants bruts ? Trente-quatre ans avant la découverte de Berquem, on inscrivait dans l'inventaire des bijoux des ducs de Bourgogne : « Un collier d'or, de feuilles branlans, garny de XII pointes de *dyamants naïfz* à XXIIII transes de perles. » (1432, — n. 3131.)

Le fameux collier que Charles VII donna à Agnès Sorel et que la *Dame de beauté* appelait son carcan, n'était-il pas composé de diamants bruts ?

A tout propos, dans les inventaires des joyaux soit des rois de France, soit des ducs d'Anjou, soit des ducs de Bourgogne, il est fait mention de diamants naïfs.

Il est vrai que dans certains cas, très peu nombreux d'ailleurs, les expressions dont on s'est servi pour déterminer les formes de ces cristaux naturels ont permis à des critiques, de bonne foi certainement, de conclure que ces pierres avaient été taillées. Pour quiconque est un peu familiarisé avec les formes cristallines des diamants bruts, comme aussi avec celles que la taille leur donne, une telle conclusion est inadmissible.

Les formes *plates à carrés*, pointues à *quatre faces*, à *trois faces*, à *quatre losanges*, etc., que sont-elles, sinon les formes bien définies et connues du *cube*, de l'*octaèdre*, du *tétraèdre* ou trois pointes du Brésil, du *rhomboïde*, données à ces cristaux, non par un lapidaire, mais par un ouvrier singulièrement plus puissant.

Pour que le lecteur en soit le juge nous citons ces articles, qui ont si fortement armé les adversaires de Berquem :

1412. « Un annel d'un dyamant gros *de quatre losenges*, en la face dudit dyamant et de quatre demies-losenges par les côtés dudit dyamant. » (Ducs de Bourgogne, 131.)

1416. « Un annelet d'or, auquel est un très
      petit dyamant pointu. » (Ducs de Bour-
      gogne.)

1420. « Deux petis dyamens plaz aus ij cos-
      té fais à iij quarrez » (Ducs de Bour-
      gogne, 4170.)

1439. « Un gros dyamant pointu à quatre faces.
      — Un dyamant en fasson de losange. —
      Un dyamant à trois fasses. » (Id., 5131.)

1467. « Deux CC d'or, garnys d'un grand dya-
      mant à huit costés, mis en ung œul
      d'or esmaillé de blanc. » (Ducs de
      Bourgogne, 2982.)

Il faut observer, en outre, qu'il n'est dit nulle
part que ces diamants aient été taillés ; on se
borne à décrire les différentes formes qu'ils affectent par une sorte de « *jeu de la nature.* » C'est
de l'étude de ces cristallisations diverses qu'est
née la science qu'Haüy a portée à un si haut
degré de précision.

Une fois cependant il est parlé de *taille*, mais
dans le sens de *dimension* de *grandeur* ; nous
employons encore de nos jours ce mot dans cette
acception :

1467. « XVI dyamants de plusieurs tailles.
      (Ducs de Bourgogne, 3054.)

Dans la *Description de Paris*, par Guillebert

de Metz (1407), il est fait mention du quartier de « la Courarie, où demeurent les ouvriers de dyamants et autres pierres. »

Il est évident qu'il n'est nullement question ici de lapidaires, car le tailleur de diamants doit spécialiser et ne taille pas d'autres pierres; les procédés ne sont pas les mêmes. Les monteurs de pierres seuls font en même temps le montage du diamant et des autres gemmes, et il est bien certain qu'on montait les diamants naïfs sur or et argent bien avant la découverte de la taille.

Ces épithètes, en outre, sont souvent impropres. Bien plus étrange est la dénomination de *Fabriques de diamants* par laquelle on désigne, à Amsterdam, les ateliers où l'on taille ce cristal. Un érudit de l'avenir en profitera, sans doute, pour contester sa découverte à celui qui parviendra un jour à fabriquer le diamant.

Enfin on prétend que la famille des Berquem n'a pas existé à Bruges. Bien que nos recherches n'aient pas abouti au résultat que nous attendions, nous pouvons cependant dire que dans son immense travail, M. Scourion a rencontré deux ou trois fois au moins ce nom parmi les habitants de cette ville.

Il est d'ailleurs certain que Louis de Berquem après son invention, quitta la ville de Bruges.

C'était une belle découverte que d'avoir trouvé
le moyen de réduire le diamant à une forme
voulue et de lui donner le poli. Mais cette invention était encore susceptible d'importants
perfectionnements. C'est à Anvers, où existaient
alors des lapidaires connus dans toute l'Europe
comme les plus habiles pour la taille des rubis,
que de Berquem vint donner à son invention
toute l'extension et toute la perfection dont elle
était susceptible.

C'est un point important à établir que le mérite de Berquem, qui avait étudié les mathéma-
tiques, n'est pas précisément celui d'avoir per-
fectionné la taille du diamant par la régularité
des facettes, par leur symétrie, par leur disposition savamment combinée pour le plus de reflets possible, car avant lui on taillait parfaitement le rubis et les autres pierres précieuses.
Ce qu'on ne saurait lui contester, c'est d'avoir
imaginé de tailler, d'user le diamant par sa propre poussière.

Fort de ses connaissances, aidé des conseils
et du concours empressé de ses « Compagnons »,
de Berquem put, dès la première année de sa
découverte, tailler, à Anvers, trois diamants
célèbres, dont un est le Sancy qui, au dire du
plus autorisé des maîtres de l'optique minérale,
a été taillé de la manière la plus savante, la

plus économique, la plus profitable qu'il soit possible de recommander.

C'est une taille semblable à celle du Sancy que M. Babinet de l'Académie des sciences de Paris, conseillait pour l'Étoile du Sud.

Les Compagnons de Berquem formèrent à Anvers de bons élèves et la taille du diamant devint une industrie prospère en cette ville. L'ordonnance qui en 1582 y constitua une corporation de lapidaires, nous apprend, dans ses considérants, que le travail affluait de toutes parts dans cette ville renommée alors pour l'habileté et la probité de ses lapidaires.

Cette industrie alors florissante eut plus tard bien des vicissitudes à subir. Les évènements politiques fort souvent arrêtèrent les moulins d'Anvers. Bien que sous la domination espagnole l'industrie de la taillerie ait passé à Amsterdam, il est probable que des ouvriers habiles et « *pro · bes* » avaient conservé la tradition des années prospères et maintenu la renommée des lapidaires anversois puisque, lorsque la Couronne de France voulut faire retailler tous les diamants qu'elle possédait, c'est à Anvers qu'on les envoya.

L'entreprise fut confiée au négociant Cuylitz ; les frères Dargo en eurent la direction. Tout le monde sait que ce travail admirablement exé-

cuté non-seulement honora beaucoup les lapidaires de cette ville, mais aussi qu'il en résulta
une plus-value considérable pour les diamants
de la Couronne. Voici ce qu'on lisait à ce sujet
dans la *Gazette d'Anvers* du 26 février 1788 :

« L'on vient de terminer dans cette ville un
travail qui a éveillé l'attention des connaisseurs
et des amateurs de diamants, autant par la
beauté et la perfection de la main-d'œuvre que
par le nombre et la qualité des pierres taillées.

« M. Thierry de Ville d'Avray, commissaire
général des trésors de la Couronne de France,
avait reçu, du roi Louis XVI, l'ordre de faire
tailler en brillants les roses d'ancienne taille
orientale. Ne pouvant faire exécuter ce travail
à Paris, vu le peu de connaissance qu'on y avait
de cet art, il choisit, de préférence à toute autre,
la ville d'Anvers, renommée par son ancienne
corporation de lapidaires. Le gouvernement des
Pays-Bas, choisit un vaste emplacement pour
installer les moulins nécessaires à la taille et
loger les lapidaires; son choix tomba sur le cou-
vent abandonné par les Chartreux. Des soldats
de la garnison de la citadelle furent chargés de
la garde du trésor....

« Les travaux ont été tellement bien exécutés
que M. Chantreine, chargé de la conservation
des diamants et de la direction de cette entre-

prise, gratifia de présents magnifiques et vraiment dignes d'un roi de France tous ceux qui y ont pris part. »

Tel est probablement, après l'acquisition des 3,536 diamants nécessaires à des ornementations diverses pour le service personnel du roi, l'emploi qui a été fait des sommes énormes provenant des 1,471 diamants de la Couronne vendus en 1776 en vertu d'une ordonnance royale. On ne tailla presque aucune pierre pendant la Révolution et le premier Empire. Lorsque, sous Guillaume de Nassau, l'industrie commença à revivre à Anvers et qu'on y vint des pays voisins chercher des diamants taillés, ce fut à peine si on put réunir vingt lapidaires, tous avancés en âge, mais tous aussi animés du plus vif désir de ramener l'art de la taillerie dans la ville où il prit naissance.

Parmi eux figuraient Argo, Van Schil, Verheirbruggen, Van Zanden.

Après la proclamation de l'indépendance de la Belgique et grâce à l'impulsion donnée au commerce par la sage administration de Léopold Ier, on vit prospérer de nouveau et grandir rapidement cette industrie qui répond si éminemment aux besoins modernes: occuper le plus de bras, donner le plus de bien-être. Les ateliers de taillerie y furent ouverts indistinctement aux hommes et aux femmes, dont les mains délicates se prêtent admirablement à la fabrication de ces roses minces qu'on ne sait tailler'qu'à Anvers. Depuis dix ans, on y taille de nouveau les brillants; dans cette partie encore, il importe d'utiliser les aptitudes incontestables de la femme, que l'égoïsme de l'homme évince trop souvent des ateliers où elle peut rendre les mêmes services.

A Anvers, comme à Paris, on a compris ce que la femme pouvait porter d'application et de délicatesse dans ce travail de goût et de symétrie, et on lui facilite les moyens de se livrer à une industrie qui réunit au plus haut degré les circonstances favorables : élévation des salaires, agrément du travail, sa permanence, facilité pour l'apprendre, confiance dans le fabricant, etc.

Aussi Anvers compte t-il déjà quinze fabriques où travaillent huit cents ouvriers avec autant d'apprentis.

Si on continue à suivre la voie du progrès où l'on est entré depuis dix ans; si, encourageant les efforts d'une jeunesse désireuse d'avancer toujours, les patrons ou fabricants savent sacrifier un peu du bénéfice à la perfection du travail, il n'y a pas de doute que cette industrie, à laquelle l'accroissement de la richesse et l'existence de nouveaux débouchés donnent tous les jours une importance plus grande, ne devienne prospère et puissante dans la ville qui en fut le berceau.

Amsterdam est, certes, resté le premier centre industriel de la taille des diamants. L'arrivée de négociants français sur les marchés du Brésil et la découverte des mines du Cap ont modifié les causes qui firent de l'ancienne capitale de la Hollande le premier marché des pierres précieuses. Dans la lutte pacifique et féconde qui s'engage, la palme sera à celui qui aura le plus travaillé.

C'est aux tailleries qui produiront les plus belles pierres et qui compteront les meilleurs lapidaires, que Londres et Paris enverront leur brut. Anvers a toujours eu le monopole des roses à 12 et à 6 faces, qu'il doit à l'habileté de ses lapidaires; déjà les ouvriers de cette ville taillent aussi bien que les hollandais les roses dites de Hollande; qu'on réalise encore les mêmes progrès pour la taille des brillants à laquelle déjà se forme une jeunesse intelligente et laborieuse, et la ville où de Berquem établit la première taillerie n'aura bientôt plus rien à envier à Amsterdam, où dix mille personnes (1) se livrent à

---

(1) Ce chiffre donné par M. Rambosson dans son excellent traité des *Pierres précieuses*, s'accorde avec celui que nous a fourni M. Théodore Jacobs, qui a fait à ce sujet d'intéressantes recherches.

une industrie qui, depuis la découverte du Cap, c'est-à-dire en moins de dix ans, a rapporté plusieurs centaines de millions.

Ce n'est pas seulement sur les bords de l'Escaut que Louis de Berquem apporta sa découverte, mais aussi à Amsterdam. C'était alors la première place de l'Europe pour le commerce des pierres précieuses, comme c'est encore aujourd'hui le premier centre du monde pour la taille des diamants. Ce n'est toutefois qu'au commencement du XVIIe siècle qu'une corporation de lapidaires fut régulièrement constituée en cette ville.

Là aussi les guerres, les invasions, les dissensions intestines réduisirent singulièrement le nombre des lapidaires. A la fin du XVIIe siècle, il ne s'en trouvait plus que six, et pendant plusieurs années ils furent sans travail, pas un diamant brut n'étant arrivé en cette ville.

Enfin, la découverte des mines du Brésil qui fournissaient chaque année aux meules d'Amsterdam des milliers de carats de brut, grâce aux traités conclus d'abord par le gouvernement, ensuite par la maison Hope, vint jeter l'industrie de cette ville dans la voie d'une prospérité sans égale.

Aujourd'hui, il existe à Amsterdam seize grandes *fabriques* à vapeur, dont une, de la

Compagnie générale des diamantaires, compte 450 meules et occupe plus de mille ouvriers. Il faut y ajouter encore plusieurs petites tailleries occupant de 5 à 20 lapidaires. Plus d'un tiers de la population juive se livre exclusivement à cette industrie et y trouve le bien-être, souvent la fortune.

Ce sont des hollandais très probablement qui ont, après la découverte de Berquem, porté dans les Indes l'art de tailler les diamants.

Dans les récits des voyageurs, et dès le XVIᵉ siècle, il est souvent parlé de lapidaires hollan- dais fixés soit en Perse, soit dans les Indes. On a souvent dit que c'est dans ces pays exclusi- vement qu'on savait percer les diamants. Il est probable qu'on tenait ce secret des Européens, puisque Tavernier parle de diamantaires hol- landais, résidant à Ispahan, qui savaient percer les diamants *taillés en forme de poire*. Il raconte en outre qu'en Perse les lapidaires européens étaient seuls renommés pour ce travail difficile, qu'ils n'ont d'ailleurs jamais oublié, quoi qu'on en dise.

La France a, sans doute, compté des lapidaires d'une rare habileté, dont la renommée ne le cède en rien aux plus célèbres ouvriers d'Anvers et d'Amsterdam ; c'est cependant un fait que l'art de la taille des diamants n'a jamais été prospère en cette nation,qui excelle cependant dans tous les ouvrages de goût. C'est une question difficile à résoudre que celle de savoir comment il a pu se faire que Paris,cette ville de la richesse et du luxe, où les orfèvres et lapidaires forment un corps depuis 1290, et où l'on a porté l'art de la joaillerie à un degré de perfection inconnu ailleurs, n'ait jamais pu rivaliser avec Amsterdam dans l'industrie de la taille des diamants. C'est que la matière première a toujours manqué à Paris. De tout temps les Hollandais ont eu des rapports avec l'Inde, et les nombreux vaisseaux de cette puissance maritime et commerciale en rapportaient les diamants qui étaient taillés à la métropole.

Dès que les mines du Brésil furent decouvertes, la Hollande eut l'habileté de s'assurer le monopole des pierres qui en seraient extraites; de telle sorte que Paris, qui a toujours été le grand marché du taillé, n'a jamais pu se passer des moulins d'Amsterdam et d'Anvers. Le commerce même du diamant y fut presque toujours exercé par des Hollandais.

Aussi les efforts qu'on fit pour acclimater cette industrie en France furent-ils toujours stériles. Il ne suffisait pas en effet d'appeler à Paris des lapidaires en renom et de leur confier le plus possible de diamants mal taillés pour qu'ils les ramenassent à une forme régulière. Il eût fallu y faire arriver le brut des Indes et plus tard celui du Brésil. Quand Henri IV voulut établir en France l'industrie de la soie, il eut soin de faire planter de mûriers les jardins des Tuileries et tous ceux des châteaux royaux.

Mazarin, s'éprenant tout à coup de l'industrie de la taille des diamants, voulut l'implanter à Paris; il fit établir de vastes ateliers, y attira d'habiles lapidaires, et leur confia les diamants de la Couronne, qu'il fit rétailler deux fois pour occuper ces ouvriers auxquels le brut manquait. Si l'impossibilité de l'approvisionnement de la matière première rendit stériles les efforts du cardinal ministre, son initiative fut du moins utile à l'art du lapidaire. Nous ne connaissons, il est vrai, aucun des diamants taillés à cette époque, puisque le seul dont il soit fait mention dans l'inventaire des diamants de la Couronne, au n° 349, sous la dénomination de dixième Mazarin, a disparu.

Nous savons cependant que ce sont les progès réalisés à cette époque par les lapidaires français qui firent découvrir quelques années plus tard à Vincenzo Peruzzi, de Venise, la taille du brillant dit recoupé.

Les efforts que firent Colbert et plus tard de Calonne furent aussi sans résultat, puisque c'est pendant que ce dernier était ministre que les diamants de la Couronne de France furent envoyés à Anvers pour y être retaillés.

Tous les gouvernements qui se succédèrent après le premier Empire encouragèrent l'établissement d'ateliers pour la taille des diamants; ce qui n'empêcha pas les diamantaires Gallais et Langroux de mourir de misère. D'autres entreprises ne furent pas plus heureuses. On se heurtait toujours contre les mêmes difficultés. Le brut arrivait bien à Paris, mais les négociants qui le faisaient acheter au Brésil, ou avaient des tailleries à Amsterdam, ou y étaient engagés par des capitaux et avaient par conséquent intérêt à y faire tailler leurs diamants.

La triple difficulté de l'établissement d'une usine, de la formation d'ouvriers français et de l'approvisionnement de brut que n'avaient pu surmonter ni Mazarin, ni Colbert, ni de Calonne, fut résolue par un seul homme, aidé de ses seuls capitaux, sans l'intervention et même sans les encouragements d'aucun gouvernement.

M. Charles Roulina a en effet, il y a plusieurs années, établi à Paris, au prix d'incalculables sacrifices, une taillerie qui n'a cessé de prospérer.

II

Trois opérations concourent pour donner au diamant brut tel qu'on le trouve dans la nature la forme et le poli qui en font le plus ravissant des bijoux.

Ces trois opérations successives constituent ce qu'on appelle *la taille* du diamant qu'on commence par *cliver*, qu'ensuite on *facette* et qu'enfin on *polit*.

Clivage. — Cette opération n'est pas toujours nécessaire. Les lapidaires y ont recours pour enlever les parties défectueuses d'un cristal, pour en corriger la forme si elle est mauvaise, et aussi pour faire plusieurs pierres d'une seule, lorsqu'il y a avantage.

On appelle clivage (de l'allemand *Klæben*, fendre), la division mécanique des lames qui forment un cristal. Les cristallographes s'en servent pour déterminer et reconnaître les minéraux dont la forme cristalline est imparfaite.

Tout cristal se compose d'un noyau primitif. Quelquefois les couches qui, lors de la cristallisation, se sont superposées à ce noyau, en conservent la forme; très-souvent, au contraire, elles couvrent le noyau en se rétrécissant régulièrement et donnent au cristal un aspect différent, ou forme secondaire.

Dans cet arrangement en couches ou lames, les molécules du cristal conservent des distances mutuelles et sont espacées sur des systèmes de plans et de lignes droites. Cette structure peut être comparée à un réseau continu et uniforme dont les nœuds seraient les points de jonction des molécules et affecteraient des dispositions parallélogrammiques ou en quinconce. Sans doute que ces espaces ou interstices sont nuls pour nos yeux, mêmes aidés des instruments d'optique les plus puissants, attendu que les particules elles-mêmes qui les forment sont d'une petitesse qui dépasse notre imagination, mais ils sont rendus sensibles par le clivage et d'autres phénomènes physiques.

Les clivages, comme les formes cristallines, sont soumis à des lois régulières; leur sens pour la même substance, est toujours le même. Dans le diamant il y en a trois principaux et très nets, sans compter plusieurs secondaires. Les cliveurs appellent ces directions les *fils* de la pierre; les minéralogistes les nomment *faces de clivage*. En chaque point d'une pierre un bon cliveur trouve toujours un fil.

Pour l'obtenir, on fait une entaille ou petite ébréchure exactement sur la partie du cristal qu'on veut cliver, on y place ensuite, tout à fait dans le sens du clivage, une lame d'acier bien trempé, et, le cristal étant placé droit et bien d'à-plomb, on donne un coup sec et juste; il se fend nettement dans le sens qu'on peut toujours préciser à l'avance. Jamais un cliveur ne trace, ainsi qu'on le dit souvent, de rainure ou sillon autour de la partie qu'il veut détacher; cette précaution serait absolument inutile.

Cette opération demande chez l'ouvrier beaucoup d'expérience et une grande connaissance non-seulement des cristaux de diamant, mais encore des transformations ultérieures que doit subir ce minéral; quelquefois il exige une légèreté de main extrême et une grande délicatesse, alors surtout qu'il faut cliver ces lamelles de diamant, minces comme du papier, qui servent à faire les roses d'Anvers, que nulle part on n'est parvenu à tailler aussi bien que dans cette ville.

Aussi de tous les travaux, dans l'art de lapider, celui du cliveur est-il le mieux rémunéré; et comme c'est ce dernier qui doit calculer la forme la plus convenable à donner à un cristal, ou la manière la plus profitable de le diviser, c'est aussi de lui que dépend souvent le bénéfice que réalisera le fabricant.

Il n'y a guère que deux cents ans qu'on sait cliver. Dans l'Inde et même en Europe, lorsqu'il s'agit de diamants d'une grande valeur, on les scie au lieu de les cliver. Ce sciage se fait au moyen d'un fil d'acier enduit d'une pâte faite avec de la poussière de diamant, de l'eau et du vinaigre.

Brutage. — Les diamants clivés, quand ils ont dû subir cette opération, et, lorsqu'elle a été jugée inutile, tels qu'ils viennent de la mine, passent au brutage, où ils sont d'abord décroûtés c'est-à-dire où, par le frottement, on leur enlève cette couche raboteuse qui les recouvre quelquefois dans les gisements d'où ils sont extraits. On leur donne ensuite un commencement de forme qu'on appelle *ébauche*. Cette opération sur le diamant est l'œuvre du diamant lui-même. Pour cela on fixe solidement deux cristaux chacun au bout d'une pièce de bois, et on les frotte l'un contre l'autre successivement sur toutes les parties; le travail se fait sur une boîte qui reçoit la précieuse poudre (égrisée) et qui pour cela s'appelle *égrisoir*.

Taille et polissage. — Les cristaux ainsi préparés sont soudés à un mélange de plomb et d'étain dans une coquille de cuivre qui se trouve ensuite pincée par une tenaille en acier chargée d'un poids suffisant pour presser le diamant, dont le côté seul destiné à la taille et saillant, sur une roue en rotation. Celle-ci est fixée à un axe vertical auquel un engrenage, mu par une courroie de transmission, ou un appareil à bras, imprime une rotation d'une vitesse excessive, environ 2,200 tours à la minute. Cette roue est en acier doux; elle est recouverte d'égrisée ou poussière de diamant que l'on fixe en la délayant dans un peu d'huile. On utilise pour cet emploi la poussière de l'égrisoir; mais elle n'est ni assez abondante, ni assez dure pour être exclusivement employée. On se sert généralement, avec avantages, de la poudre de boort et de carbonato qu'on réduit en cet état au moyen de pilons. C'est le principal usage auquel sont utilisées ces substances qui pour cela se vendent à un prix relativement élevé. Les Indiens n'emploient que des roues en bois très dur, recouvertes d'égrisée.

Dans cette opération encore, l'ouvrier doit chercher le fil de la pierre: sans cette précaution elle creuserait un profond sillon dans la meule; le métal le plus dur ne saurait y résister. Le travail fait en contre-sens du fil, alors même qu'il serait possible, resterait mauvais. Le lapidaire doit en outre chercher la division la plus juste et la plus symétrique des facettes : ce travail de goût demande une certaine habileté, un coup d'œil sûr et juste.

Tels sont les moyens employés pour donner aux diamants la forme la plus convenable.

Aux Indes on sacrifie la forme à la valeur intrinsèque c'est-à-dire au poids de la pierre. On y est dans la persuasion que le diamant est une substance si précieuse qu'il est important d'en perdre le moins possible. Aussi la taille y est-elle défectueuse et les effets optiques, trop peu étudiés en Europe, n'y sont nullement recherchés.

Leur taille favorite est celle qui donne aux cristaux une forme de lame assez mince taillée sur ses bords en biseaux. Certainement la limpidité de ces lames doit être incomparable, mais l'irisation et les jeux du brillant y manquent complètement.

Nos goûts sont bien différents. Comme eux, nous taillons la rose qui darde de forts grands

éclats de lumière, qui sont même, à proportion, plus étendus que ceux qui sortent du
diamant brillanté, mais c'est pour cette dernière
forme que nous gardons toute notre prédilec-
tion.

Le brillant est un vrai soleil : toute la lumière
qu'il reçoit il la rend centuplée et suavement
irisée, grâce à ses puissantes propriétés de réfraction, de réflexion et de diffusion savamment
étudiées et utilisées par le lapidaire. Bientôt un
point lumineux sera aussi multiplié que le nombre des facettes. Le rayon qui tombe sur l'une
d'elles, sur la table par exemple, va frapper le
fond formé par la culasse, revient en avant,
toujours réfléchi par les facettes en opposition,
jusqu'à ce qu'il traverse les faces des côtés, d'où
il sort irisé comme d'un prisme éblouissant.

C'est l'ancienne taille des *pierres épaisses*,
dite taille des Indes, qui nécessairement a dû
faire naître l'idée du diamant brillanté, puisque
ce dernier est divisé en deux épaisseurs et dans
les mêmes proportions que les pierres épaisses,
avec cette différence que dans celles-ci la table
n'était environnée que d'un simple biseau et le
pavillon avait la forme rudimentaire d'un prisme
renversé.

On ne taille plus les pierres épaisses; on a

même retaillé en brillants toutes celles qui avaient reçu cette forme.

En parlant de la taille du brillant, nous avons moins l'intention de décrire le travail souvent routinier du lapidaire que de donner le spécimen d'un brillant parfait non seulement sous le rapport esthétique, mais aussi, et surtout, au point de vue de l'optique. Nous prendrons comme modèle un brillant carré.

Il faut pour cette taille un cristal octaèdre ou ramené à cette forme. Pour cela, la base des deux pyramides doit former un carré parfait et l'axe principal doit être exactement de même longueur que le côté du carré de la ceinture.

On forme ensuite *la table* en rabattant une partie de la pyramide de dessus, et la *culasse* en faisant la même opération, mais moins prononcée, au biseau inférieur. Voici dans quelles proportions doit s'opérer cette élimination :

On divise l'axe en dix-huit parties égales. Pour former *la table*, on ôte 5/18 de l'axe de la partie supérieure et seulement 1/18 de la partie inférieure qu'on appelle *pavillon*, où se trouve ainsi formée la culasse. Celle-ci aura donc une largeur cinq fois inférieure à celle de la table ; c'est la meilleure proportion pour les effets d'optique.

Après ces opérations, qui forment le fond du

brillant, il faut raccourcir les coins ou arêtes du vingtième de leur diagonale. Ils sont rabattus d'un sixième de moins que les côtés vers la table, et d'un huitième vers la ceinture.

On aura formé ainsi, sur chaque pyramide, d'une manière symétrique, huit pans ou faces, dont quatre, qui sont les faces primitives, plus grandes que les quatre autres, qui proviennent de l'élimination des arêtes. Les huit pans supérieurs reçoivent trente-deux facettes, dont huit sont des losanges et vingt-quatre des triangles. Leur réunion forme la *couronne*. Les losanges situés au milieu de chaque pan sont, ainsi que les triangles qui les flanquent, plus grands sur les faces primitives que sur les coins. On nomme *facettes à étoile* celles qui joignent la table, *facettes de traverse* celles qui tiennent à la ceinture, dite aussi *feuilletis*.

Les facettes de la partie inférieure doivent être de la moitié plus étendues que les facettes de dessus; c'est pour répondre à la proportion des biseaux, dont le supérieur représente un tiers de la pierre, tandis que l'inférieur, qu'on nomme *pavillon*, forme les deux autres tiers. De plus, les facettes qui touchent à la table et lui donnent la forme d'un octogone, sont supprimées du côté de la culasse, ce qui réduit leur nombre à vingt-quatre. Un brillant dit recoupé a donc, en comptant la table et la culasse, cinquante-huit facettes.

Tous les brillants ne sont pas de forme carrée; les formes rondes, ovales plus ou moins allongées sont fréquentes et présentent le même nombre et la même disposition de facettes. La forme ronde est de beaucoup la plus recherchée dans la joaillerie.

Les brillants d'un demi-carat comme ceux de vingt, quarante et même cent carats, sont taillés de la même manière et n'ont pas une facette de plus les uns que les autres. Ce système est défectueux, non seulement parce qu'il ne donne pas aux grosses pierres tous les feux dont elles sont capables, mais encore parce qu'il les prive d'un des plus beaux et plus riches effets de la taille : nous voulons parler de l'effet prismatique. Pour que cet effet se produise, il ne faut pas que la lumière éclairante soit trop volumineuse, car les couleurs en se recouvrant produisent le blanc. En outre, lorsque les facettes sont trop larges, l'œil reçoit toutes les couleurs à la fois, ce qui les rend aussi blanches. Ces données scientifiques sont si indiscutables et si bien établies, que nous ne comprenons pas qu'on n'en ait tiré aucun profit. Il est inconcevable que le lapidaire traite les grands cristaux, dont la nature est si avare et que les grands de la terre payent si cher, exactement comme les pierres ordinaires. Ce fait ne s'explique que par la routine, qui arrête toute marche progressive et qui certainement, dans un avenir prochain, tuera les centres industriels où cet art important demeure si obstinément stationnaire, que l'on peut dire que, depuis deux cents ans, il n'a fait aucun progrès.

M. Babinet, de l'Institut de France, qui a étudié la taille du Koh-i-noor qui avait occupé les derniers moments du grand Wellington, n'hésite point à prononcer que ce diamant de la Couronne d'Angleterre, réduit par la taille à 102 carats 3/4, a été taillé suivant le *système désavantageux* des facettes peu nombreuses, lequel convient aux pierres de médiocre dimension.

Voici, du reste, le procédé infaillible par lequel le grand maître d'optique étudiait l'effet d'un diamant. « Je perce un carton blanc d'un trou un peu plus grand que la grosseur du diamant à essayer ; puis faisant passer un rayon de soleil au travers de ce trou, j'oppose à ce rayon la pierre à essayer en la mettant à une certaine distance du trou, derrière le carton, mais de manière à ce qu'elle reçoive en plein le rayon solaire sur la face antérieure où est la table. Aussitôt on voit le reflet de la table se marquer sur le carton par une figure blanche, semblable à la table elle-même. Tout à l'entour sont de petites bandes irisées des couleurs primitives de la lumière, dont les principales sont le rouge, le jaune, le vert, le bleu et le violet. Alors si les couleurs sont bien séparées dans ces petites bandes irisées, si le nombre de ces petites bandes est considérable, si elles sont espacées bien également autour du reflet blanc de la table, le diamant est bien taillé. Chacune de ces bandes donne un des feux du diamant, et on peut ainsi les compter. On pourra donc désormais exprimer pour un diamant le nombre, la qualité et la symétrie de ses feux et étudier ultérieurement la forme la plus convenable à lui donner. »

Roses. — Avec celle du brillant proprement dit, la taille la plus usitée est celle en *roses*, dont on se sert pour les diamants de peu d'épaisseur. La rose n'est pas formée de deux pyramides comme le brillant ; elle s'élève en forme de dôme sur une base plate appelée *collette*. Sa forme ronde lui donne quelque ressemblance avec la fleur à laquelle elle doit son nom et dont les pétales nombreuses et non encore épanouies sont simulées par les facettes qui la recouvrent. Telle est, du moins d'après Jeffries, l'origine de son nom. Si elle est bien trouvée, nous ne le savons, mais ce dont nous sommes assurés, c'est que, si l'analogie n'est pas parfaite, bien peu de personnes se plaindraient de la différence si, pour un bouquet de roses, elles recevaient quelques-uns de ces cailloux gracieux qui ont volé leur nom sans en avoir ni le parfum ni les épines.

La pyramide du diamant en rose est formée à son sommet par la réunion de six facettes triangulaires et égales qui forment une étoile ; six autres triangles sont appliqués aux précédents, base à base, et touchent à la circonférence ou base de la rose, sur laquelle reposent aussi douze triangles plus petits, qui s'enchevêtrent deux à deux avec les précédents. Ces vingt-quatre facettes couvrent la surface entière du dôme de la rose. Elles y produisent de très vifs éclats de lumière, mais peu ou point d'irisation et de jeu.

En règle générale, pour qu'une rose soit bien taillée, il faut que la hauteur de la pierre soit la moitié du diamètre de la base, qui est lui-même d'un quart plus grand que celui de la couronne. La perpendiculaire de la base à la couronne doit avoir les 3/5 de la hauteur de la pierre.

Les roses emploient moins de matière que les diamants taillés en brillants ; aussi le prix de ceux-ci, à poids égaux, est-il supérieur.

La rose à 24 facettes que nous venons de décrire s'appelle rose de Hollande. Quand le nombre des facettes est réduit à 18, elle porte le nom de demi-Hollande.

On taille à Amsterdam des roses vraiment microscopiques; il y en a de cinq cents, mille et même plus au carat.

Les roses dites d'Anvers se taillent uniquement en cette ville. Il y en a de 12 et de 6 facettes. Amsterdam a vainement essayé de s'en approprier le monopole; ses lapidaires, malgré la simplicité du travail, n'ont pu s'habituer à la légèreté de main et à la prudence qu'il faut pour lapider ces minces feuilles du précieux cristal.

Ce genre de roses se vend surtout en Russie, en Pologne, en Autriche, en Italie, en Espagne et dans le midi de la France.

On conserve quelquefois leur forme primitive à certaines pierres en forme de poires, en les recouvrant entièrement de facettes régulières. Cette opération constitue la taille en *briolettes*.

Les *pendeloques* subissent une taille qui se rapproche de la précédente; elles reçoivent, outre les petites facettes, une table et une culasse.

On sait tailler et percer les briolettes depuis

plus de deux cents ans: nous verrons bientôt comment des lapidaires, hollandais probablement, avaient enseigné aux Indiens un art dont on leur attribue l'invention.

On appelle *pierre à portrait* un brillant formé par deux faces parallèles réunies par une mince couronne facettée.

Ces formes savamment combinées qu'on donne aux diamants en accroissent la beauté et l'éclat; elles en augmentent le jeu et l'irisation et en perfectionnent la forme, mais elles diminuent singulièrement le poids du précieux cristal.

Beaucoup de personnes ignorent combien on doit sacrifier de la rare substance pour amener une pierre à une forme régulière; on est naturellement porté à regretter une telle perte, et cependant on ferait un mauvais calcul si, pour lui conserver quelques fractions de carat, on laissait un diamant difforme, mal poli ou recouvert de facettes irrégulières.

En général, le diamant brut moyen perd à la taille la moitié de son poids, les gros cristaux perdent davantage, alors surtout qu'on veut arriver à une forme correcte.

Il reste encore beaucoup de progrès à réaliser dans l'art de tailler les diamants. Le nombre des facettes et leur disposition ne sont pas toujours en rapport avec les lois de l'optique, dont on ne tient pas un compte suffisant, et cela au détriment des effets qu'on pourrait obtenir.

CHAPITRE V.

LE COMMERCE DES DIAMANTS.

Lycurgue, pour faire disparaître toute espèce d'inégalité à Sparte, supprima toute monnaie d'or et d'argent, ne permit que la monnaie de fer, et donna à des pièces d'un grand poids une valeur si modique que, pour placer une somme de dix mines, il fallait une chambre entière et un chariot attelé de deux bœufs pour la traîner. Qu'eût fait du diamant le farouche législateur? Le creux de la main peut en tenir pour des millions. Une petite cassette qui quelquefois es remplacée par un coffre-fort, et une balance sensible au dixième de milligramme, tel est le matériel nécessaire au plus riche négociant de diamants.

Ce serait, sous le rapport de l'acheteur, qui

est toujours une personne aisée, et de la marchandise qui est ce qu'on peut rêver de plus beau au monde, le commerce le plus agréable, si les capitaux qu'il engage et les pertes dont on est menacé ne rendaient difficile et périlleux ce commerce de luxe par excellence.

Le négociant achète les diamants bruts tels qu'ils arrivent du Brésil ou du Cap. Les premiers sont envoyés à Paris de Rio ou de Bahia; c'est à Londres qu'on adresse ceux du Cap. Ils y sont vendus directement aux négociants qui viennent s'y approvisionner, ou envoyés à Paris et dans les principaux marchés de l'Europe.

Le brut se vend par *parties* ou lots. Les parties qui proviennent du Brésil sont mélangées, c'est-à-dire qu'elles contiennent des diamants de toutes les dimensions; les parties de diamants du Cap sont, au contraire, bien classées; dans chacune, les cristaux sont à peu près de même grandeur. On appelle *mêlé* les parties de cristaux dont le poids est au-dessous d'un carat. Son prix varie entre 35 et 45 francs. Les lots composés de diamants d'un carat environ se vendent de 60 à 70 fr. par carat; ceux de 6 grains, un carat et demi), de 75 à 100 fr. Les 8 grains (2 carats) coûtent de 100 à 130 fr.; les 10 grains 125, 150 et quelquefois 175 fr. Les pierres au-dessus de ce poids se vendent à des prix progressivement plus élevés. Il est impossible de donner le prix des pierres qui pèsent 6 carats ou au-dessus. Il dépend de leur pureté, de leur couleur, de leur forme et de la possibilité de leur placement. Les cristaux de première beauté sont toujours très recherchés, mais ils deviennent malheureusement fort rares, le Cap n'en donnant presque point de blancs de première eau, et l'exploitation du Brésil devenant presque nulle par suite de la production abondante des mines de l'Afrique australe.

Le brut est ensuite taillé soit à Amsterdam, soit à Anvers et quelquefois à Paris.

Après la taille, il est classé suivant la grosseur et la qualité des pierres dans des enveloppes en papier de soie et vendu aux joailliers, ou livré au commerce, par l'intermédiaire de courtiers ou de courtières, car les dames sont très aptes à ce genre de transaction. Le diamant se vend au poids. L'unité de poids universellement adopté, c'est le *carat* (ou *karat*).

Le carat n'est pas une division décimale du système métrique. M. Bruce dit que dans le pays des Shangallas, en Afrique, il se faisait un grand commerce d'or et que, de temps immémorial, les habitants se servaient pour le peser de la graine d'une plante de la famille des Légumineuses qu'ils nommaient *kuara*. Ces graines, qu'on appelle chez nous pois d'Amérique et que produit l'Érythrina corallodendron, sont toujours à peu près également pesantes lorsqu'elles sont sèches. Transportées dans l'Inde, elles servirent pour peser les diamants dès l'origine de leur exploitation.

Le poids du carat varie de quelques dixièmes de milligramme d'un pays à l'autre. C'est un usage établi dans le commerce du diamant que l'acheteur pèse la marchandise au poids usité dans la nation où il réside.

Le carat est pour	la France de 205 milligr.	500.
«	«	l'Angleterre de 205	«	409.
«	«	la Hollande de 206	«	446.
«	«	l'Allemagne de 205	«	400.
«	«	l'Espagne de 205	«	393.
«	«	Hambourg de 205	«	440.
«	«	Fr.-s.-Mein de 205	«	770.
«	«	Lisbonne de 205	«	750.
«	«	Livourne de 205	«	990.
«	«	Amsterdam de 205	«	700.

Pour la facilité du calcul le carat ne se subdivise qu'en fractions dont les dénominateurs sont multiples les uns des autres : 1/2; 1/4; 1/8; 1/16; 1/32; 1/64; le numérateur seul varie suivant les besoins.

On a souvent essayé d'établir les prix des diamants taillés. Rien n'est plus arbitraire que ces sortes de tarifs qui peuvent bien donner une

idée de la valeur des diamants, mais dont seraient fort embarrassés de devoir se servir ceux-
là mêmes qui les établissent.

Non seulement le prix de la même pierre
est sujet à variations comme il arrive pour
les valeurs cotées à la bourse, mais encore la
marchandise est variée ; chaque pierre ayant
été formée séparément porte en elle des caractères particuliers d'évaluation ; vingt cristaux
d'un même poids peuvent avoir une valeur absolue différente : elle dépend de l'eau, de la couleur, du jeu du cristal, de sa pureté, du degré
de perfection de la taille, etc. Certains diamants
sont plus faciles à placer que d'autres à cause
de leur poids. D'autres fois une qualité déterminée manque soit momentanément, soit d'une
manière persistante, et le prix en est élevé ;
telle forme recherchée dans un pays l'est moins
dans un autre. Un achat important, un besoin
d'assortiment sont encore des circonstances qui
modifient les prix dans une branche de commerce où l'on est si avisé. Les ventes, en outre,
se faisant à termes, il va sans dire que la situa-
tion de l'acheteur entre en ligne de compte.

Nous croyons trop à l'impossibilité de dresser
un tarif pratique pour que nous essayions d'en
établir un ici. Nous donnons cependant pour
être agréables aux lecteurs un aperçu par ap-

proximation des prix auxquels les diamants se vendent actuellement.

BRILLANTS,			Le carat		
Petits de 15 au carat................	de	150 à	200 fr.
Mêlé............. blanc. bon courant.	de	180 à	200 »
de 1 carat ou 1 c. 1/4. » »	de	275 à	350 »
de 1 c. 1/2 à 1 c. 3/4... » »	de	350 à	450 »
de 2 ou 3 carats.... » »	de	400 à	500 »
de 4 carats........ » »	de	450 à	600 »
de 5 carats........ » »	de	500 à	700 »
» .... choisi....	de	800 à	1000 »
de 5 à 10 carats... blanc, bon courant.	de	700 à	900 »
de 10 à 12 carats et au-dessus....... » »	de	1000 à	1200 »

Il est comme nous l'avons dit impossible de se rapporter à ces évaluations ; une demi-teinte suffit pour produire un changement de valeur. La diminution des prix est bien plus sensible pour les pierres de couleur. Un diamant jaune de cinquante carats, comme on en trouve assez fréquemment, se vend aujourd'hui, s'il est bien taillé, depuis 250 francs le carat. La même pierre si elle n'a qu'une demi-teinte se vendrait facilement 400 ou 500 francs le carat, et elle atteindrait le prix de 2,000 ou 2,500 francs si elle était parfaitement blanche.

Les chiffres qui précèdent font suffisamment voir que la pratique ne confirme plus la règle des carrés établie d'abord par le célèbre voyageur Tavernier, ensuite par l'habile joaillier

Davy Jeffries et citée comme infaillible par tous ceux qui ont voulu établir des tarifs. Si l'abondance de gros diamants dans les mines du Cap a mis cette théorie complètement en défaut, les négociants n'en seront pas autrement embarrassés pour apprécier les plus grands cristaux.

De cet écartement et de cette inconstance des prix peut-on conclure que le diamant est une valeur purement conventionnelle? De ce que les prix varient doit-on conclure que ces variations n'ont point de limite?

Vers les premières années de ce siècle Mawe a rapproché toutes les hausses et toutes les baisses qu'avaient suivies les prix des diamants depuis deux siècles. Il établit par l'éloquence des chiffres les plus authentiques que, malgré les apparences, de toutes les valeurs, la moins variable est celle-ci. Depuis on découvrit de nouvelles mines, et il se produisit de nouvelles crises. Celles occasionnées par la découverte de mines de Bahia, au Brésil, en 1842, et par la Révolution de 1848, furent les plus accentuées. La première fut de courte durée; la seconde, malgré la panique qui en fut la cause, suivit exactement les fluctuations des cours de la Bourse. Les hauts prix furent bientôt atteints, et de 1860 à 1869 ils arrivèrent, malgré la grande production du Brésil, à une élévation jusque-là

inconnue. La cause en est que la valeur du diamant repose sur une base trop réelle pour que
son prix puisse subir de trop grands écarts.

En économie politique on formule ainsi la
théorie de la valeur et du travail : « Le travail
gouverne l'offre, l'offre règle les besoins, les
besoins déterminent la valeur. »

Telle est en effet la triple base sur laquelle
repose la valeur réelle du diamant. Le travail
dépensé, la rareté de la marchandise, l'importance de la demande.

Le lecteur qui a bien voulu nous suivre jusqu'ici sait déjà ce que coûte l'exploitation du
diamant. Celui du Brésil alors qu'il arrive à
Paris a déjà coûté ce qu'il se vend. Aussi ces
mines récemment encore si prospères sont-elles
presque abandonnées, tuées qu'elles sont par la
grande production du Cap. Ici on a produit
jusqu'à ce jour à meilleur marché; déjà, à mesure
qu'on pénètre plus profondément dans les cra-
tères, le travail devient difficile; des ébranle-
ments se produisent menaçants et terribles. Les
propriétaires de claims ont dû céder leurs concessions à des sociétés qui seules aujourd'hui
peuvent, grâce à d'énormes capitaux, supporter
les frais de déblaiement.

A cette somme de travail ou d'argent dépensée
il faut joindre les frais de la taille, qui, quoi-

qu'ils aient beaucoup baissé depuis deux ans, sont encore très élevés.

Le brut, duquel il a déjà préalablement fallu éliminer les pierres impropres à la taille, qui doivent être revendues avec une perte dont on se rattrape sur les bons cristaux, subit encore à la taille une diminution égale et quelquefois supérieure à la moitié de son poids. Quelques exemples célèbres suffiront pour donner une idée de cette diminution de la valeur pondérable qui doit naturellement augmenter le prix de la gemme:

Le Régent pesait, brut............ 410 c. et taillé, 136   3/4.
Le Grand Mogol.................. 780 1/2...... 279   9/16.
Le Koh-i-Noor.................. 186 1/2...... 106   1/16.
L'étoile du Sud................ 254 1/2...... 125   1/4.
Le grand diamant de MM. Pittar
  Leverson, de Londres.......... 288........... 128.

Nous n'avons rien à ajouter à ce que nous avons déjà dit sur la rareté du diamant. La découverte de nouveaux gisements ne suffirait pas pour en augmenter le stock. M. J. B. Dumas, l'éminent secrétaire perpétuel de l'Académie des sciences de Paris, disait avec raison « que la recherche des diamants est une opération fort coûteuse qui serait presque impraticable dans les pays très civilisés où la main-d'œuvre acquiert une valeur élevée. Leur petit volume et

leur rareté oblige à laver et à trier minutieuse-
ment de grandes quantités de terre, le plus
souvent sans résultat. »

C'est en outre un fait curieux à observer que
toute exploitation nouvelle se fait au détriment
de celles déjà existantes. La découverte des mines du Brésil a tué l'exploitation des mines des
Indes, tout comme la production du Cap a arrêté
celle du Brésil.

La baisse produite par la première de ces découvertes n'eut pas pour cause une trop grande
production mais seulement une panique aussi
répandue que mal fondée puisqu'elle se produisit
au détriment de l'exploitant, la Couronne de
Portugal, qui y perdit ses mines d'or et quelques millions. D'un autre côté, nous voyons
monter déjà des prix que la découverte des gisements africains avaient rendus inférieurs, il est
vrai, à ceux de 1870, mais qui étaient restés
plus élevés que ceux antérieurs à 1830.

Si les prix du diamant augmentent et baissent,
c'est avec la richesse des nations. La nature
faillira plutôt à ses produits que l'avidité aux
hommes.

Si d'un côté il est vrai que les mines du Cap
sont venues augmenter les proportions de l'offre,
d'un autre côté le développement de la richesse
chez les peuples travailleurs et industriels mul-

tiplie la demande. En même temps que s'annoncent de nouveaux gisements, de nouveaux débouchés s'ouvrent et singulièrement étendus. Pour n'en citer qu'un seul :

« Les Etats-Unis auront à la fin de ce siècle cent millions de citoyens, non pas de ces malheureux qu'une industrie surexcitée entasse dans les usines de Londres, de Manchester, de Liverpool, de Birmingham et dont l'existence est liée à celle de l'industrie elle-même, mais bien de riches conquérants d'un sol fertile et généreux, qui, appelés par le travail aux jouissances nobles de la vie, entreront en partage des richesses commerciales de l'humanité et feront hausser la valeur des objets de luxe. »

> Sachez surtout que le Luxe enrichit
> Un grand Etat, s'il en perd un petit.
> Cette splendeur, cette pompe mondaine,
> D'un règne heureux est la marque certaine.
> Le riche est né pour beaucoup dépenser,
> Le pauvre est fait pour beaucoup amasser.
>
> VOLTAIRE.

Combien de déshérités encore qui voudront posséder un jour quelques-unes de ces gemmes d'une beauté sans égale, qui, tout en étant ce que le luxe peut offrir de plus riche et de plus propre à parer la beauté, sont ce qu'il y a de plus durable et de moins changeant. Tandis que les étoffes, les dentelles, les soies et les cachemires perdent avec les années toute utilité et toute valeur et que les perles jaunissent et meurent, pendant que les bijoux et les métaux les plus précieux s'usent et perdent le prix qu'une main-d'œuvre savante y a attaché, les diamants restent inaltérés dans leur valeur comme dans leur beauté.

Aucun objet de luxe ne peut les égaler non seulement en richesse, mais surtout pour le prix et la durée; aucune valeur mobilière n'est comparable à celle-ci. Aussi un des plus illustres savants de ce siècle n'a-t-il pas hésité à la ranger au rang des valeurs foncières, comme le firent les Romains.

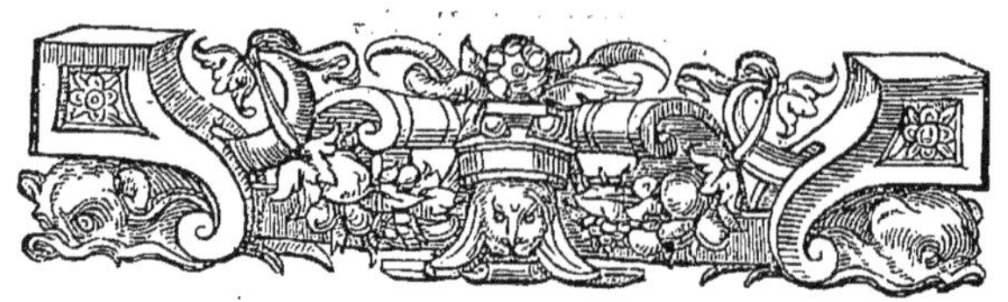

CHAPITRE VI

DIAMANTS PARANGONS
OU PRINCIPAUX DIAMANTS CONNUS.

On appelait, il n'y a pas longtemps, *parangons* les diamants d'une beauté, d'une grosseur et d'un prix extraordinaires. Elle était et elle est encore bien rare la découverte d'une de ces pierres; c'est à peine si chaque siècle peut en enregistrer une. Depuis l'exploitation des mines du Cap les gros diamants ne sont plus aussi rares, notamment ceux de dix à trente carats. Mais ces riches gisements n'ont pas encore produit un cristal qui puisse égaler, nous ne disons pas par son poids, mais par son eau et sa beauté, les parangons que l'Inde a donnés et dont le Brésil n'a pas été trop avare.

Nous décrirons les principaux diamants connus en les classant suivant leur poids. C'est la seule appréciation possible et constante, bien qu'elle ne soit dans les parangons qu'une qualité secondaire. Le plus gros diamant trouvé au Cap ne pèse que deux carats environ de moins que le Régent; et cependant si celui-ci vaut cinq millions, le diamant du Cap, bien que sans défaut, n'atteindra pas le cinquième de cette valeur à cause de sa teinte jaune.

Les évaluations d'ailleurs des parangons sont tellement arbitraires, elles sont sujettes à tant de changements et soumises à des causes si multiples que nous ne les rappellerons que comme curiosité.

Elles ont été calculées suivant la méthode de Tavernier. Cette règle des carrés appliquée au Stewart, de la maison Pittar Leverson de Londres, qui pesait brut 288 carats, porterait sa valeur à plus de cinq millions c'est-à-dire à dix fois plus qu'il ne vaut réellement.

L'historique des diamants célèbres n'offre pas plus de garantie que les évaluations dont ils ont été l'objet. Nous ne parlerons pas des écrivains qui, tout en ajoutant foi, comme nous, au récit de Robert de Berquem qu'aucun fait authentique n'a encore contredit, racontent cependant que le diamant taillé en 1476 a été perdu à la bataille de Granson où le duc de Bourgogne était défait en 1475! D'autres erreurs, bien que moins grossières, mettent en suspicion les récits et les légendes dont on gratifie les diamants célèbres. Le Grand-Mogol, par exemple, qui pour les uns n'est qu'une topaze, est pour d'autres la même pierre que le Koh-i-noor qui aurait changé de nom; plusieurs savants, d'autre part, soutiennent qu'une gemme qui, suivant Tavernier, pesait 780 carats 1/2 a donné par la taille les trois diamants connus sous les noms de Grand-Mogol, de Koh-i-noor et d'Orloff.

Il n'est pas possible de contrôler tous ces faits; nous laisserons de côté la légende pour ne suivre que les récits des personnages les plus autorisés.

Le plus gros diamant que l'on connaisse est à Matam, petite ville de l'île de Bornéo. Il a été trouvé dans cette île près de Landak. Il pèse 367 carats. Il appartient au rajah du royaume de Matam, vassal de la Hollande. Le gouverneur de Batavia offrit, en échange de cette pierre, deux briks de guerre entièrement équipés et 800,000 francs. Cette offre fut refusée.

Le *Nizam* pèse 340 carats, il est évalué 5 millions. Il appartient au Rajah de Golconde. C'est dans les mines situées près de cette ville qu'il a été trouvé.

Le *Grand-Mogol*. Ce beau diamant fut découvert en 1550 dans la mine de Gani près de Golconde ; il pèse 279 carats 9/16. Il a la forme d'un œuf coupé par le milieu.

Il est taillé en rose et par conséquent recouvert de facettes. Limpide, de première eau, de bonne forme, mais de mauvaise taille, il n'a d'autre défaut qu'une petite glace à la collette. Le célèbre voyageur Tavernier, qui fut appelé à l'estimer, estime sa valeur à douze millions. Quand le roi de Golconde fit présent de cette pierre à Shah-Geham, auprès de qui il se retira, elle était brute et pesait 780 carats 1/2, mais elle avait plusieurs défauts. C'est Hortensio Borgis, lapidaire vénitien, qui tailla ce merveilleux diamant. Il y réussit si mal que non-seulement il ne reçut aucun paiement, mais fut condamné à donner tout ce qu'il possédait pour avoir fait perdre les deux tiers de son poids à cette pierre unique au monde.

Les empereurs du Mogol, auxquels ce diamant appartint pendant longtemps, avaient sept trônes, les uns couverts de diamants, les autres de rubis, d'émeraudes et de perles. Tavernier qui les a vus les estimait à plus de 160 millions. On sait que la maison de Timour, souveraine de Mogol, et notamment le terrible Aureng-Zeb, n'avait cessé de faire une guerre sans merci à ses voisins et avait pillé les riches temples de Visapour et de Golconde. Le *Grand-Mogol* appartient actuellement au shah de Perse qui l'a appelé Deriaï-noor (océan de lumière).

L'*Orloff*. Ce gros diamant est placé sous l'aigle impériale au haut du sceptre de l'empereur de Russie ; il pèse 193 carats, il est pur et de première eau, mais c'est une rose taillée sans aucune proportion ; on le compare pour sa grosseur à un œuf de pigeon. Il vient de l'Inde. Catherine II l'acquit d'un marchand grec moyennant 2,500,000 francs et une pension annuelle de 100,000 francs. « Ce diamant formait un des yeux de la fameuse statue de Scheringam, dans le temple de Brahma. Un grenadier d'un bataillon français qui se trouvait dans l'Inde déserta, se revêtit de la pagne malabare, devint pandaron en sous-ordre, eut entrée à son tour dans l'enceinte du temple, où, étant devenu amoureux des beaux yeux de la divinité, il trouva moyen de lui en arracher un, et de s'enfuir muni de ce précieux larcin à Trichinapenty, de là à Gondelour, puis à Madras. La fuite ayant calmé son amour, il vendit l'œil de sa dame à un capitaine pour 50,000 francs.

Le *Grand Duc de Toscane* appartient actuellement à l'empereur d'Autriche. Il est net, taillé en forme de rose à neuf pans et couvert de fa-

cettes qui forment une étoile à neuf rayons; il
est d'une mauvaise couleur jaune citrin. Il
pèse 139 carats 1/2, et est évalué 2,600,000 fr.
On est fondé à croire que ce diamant a appar-
tenu au duc de Bourgogne et qu'il fut taillé par
de Berquem, c'est du moins ce que laisse soupçonner sa forme.

Le second des trois grands diamants que
tailla de Berquem orne la tiare pontificale; le
Sancy serait le troisième.

Le *Régent* était le plus précieux des joyaux
de la Couronne de France. C'est le plus beau des
diamants, le Koh-i-noor seul l'égale en beauté,
mais celui-ci ne pèse que 106 carats tandis que
le Régent en a 136 3/4. Il fut trouvé dans les
mines de Partéal, à 45 lieues au sud de Golconde. Thomas Pitt, grand père du célèbre Wil-
liam Pitt, était alors à Madras, il l'acheta moyennant 312,500 fr. et le revendit, en 1717, pour
la somme de 3,375,000 francs au duc d'Orléans,
alors régent. C'est de là que lui vient son nom.

Il pesait brut 410 carats. Il a fallu un long
travail pour le ramener à sa forme actuelle. Il
est taillé en brillant de forme carrée, arrondi à
ses coins. Il n'a d'autre défaut qu'une petite
glace dans un coin, tellement imperceptible
qu'un œil exercé peut seul la découvrir. Les rois
de France le portaient à leur chapeau ; Napoléon

l'avait fait monter sur la poignée de son épée. Sous le Consulat et sous l'Empire le célèbre banquier Vanlerge le garda longtemps en garantie des avances qu'il avait faites à l'Etat.

Tout le monde a pu l'admirer dans le magnifique pavillon du Garde-meuble à l'Exposition de 1878.

Dans l'inventaire de 1774, ce merveilleux cristal était estimé 12,000,000 ; on l'évalue actuellement à 5,000,000. Il a 31 millimètres 58 de longueur, 29 millimètres 89 de largeur et 20 millimètres 86 d'épaisseur.

Un brillant de la maison Pittar Leverson, de Londres, pèse 134 carats 3/32. Il est sans défaut, limpide, d'une teinte citron ; il pesait brut 246 carats.

C'est à la même maison qu'appartient le *Stewart*. C'était un cristal brut de 288 carats qui malheureusement ne donna pas ce qu'il promettait.

L'*Etoile du Sud* a été trouvée en juillet 1853 par une négresse en lavant les sables de la mine brésilienne de Bagagem ; c'était un beau cristal de 254 carats 1/2. Il appartenait à M. Halphen à qui M. Babinet conseilla pour cette pierre la taille dite Sancy, qui lui aurait laissé les trois quarts de son poids et lui aurait donné beaucoup plus de feux. Le sage conseil fut donné trop tard ou plutôt la routine résista cette fois encore à la science. Il resta deux mois sur la meule, dans la fabrique de M. Coster, à Amsterdam, et produisit un brillant de 35 millimètres sur 29, pesant 125 carats 1/2. Ce beau diamant appartient actuellement à un rajah indien qui le paya 4,000,000 de francs. C'est le plus gros diamant qu'auraient donné les mines du Brésil, car celui du roi de Portugal, dit *diamant du Brésil*, que des nègres évadés de prison trouvèrent en 1775, ne pèse brut que 138 carats 1/2.

Le *Koh-i-noor* (mot indien qui signifie *montagne de lumière*) a été confisqué avec tous les bijoux du roi de Lahore lors de l'annexion du *Pendjab*. La East India Company le fit offrir par lord Dalhousie à la reine Victoria, en 1850. C'était un diamant de première eau, de 186 carats 1/16, mal taillé, en forme d'œuf; on l'évaluait alors 4,000,000 de francs. Le prince Albert, sur l'avis de Sir David Brewster, le fit retailler dans les ateliers de M. Coster à Amsterdam. C'est le célèbre lapidaire Voorsanger qui continua le travail commencé par le grand Wellington, qui lui-même avait placé sur la meule, le 6 juillet 1850, ce précieux caillou. Il figurait, en 1851, à la célèbre exposition de Londres où il produisit peu d'effet, soit parce qu'il était mal éclairé, soit parce que la taille en brillant qu'on a le tort de donner à des pierres d'une aussi grande dimension ne produit point d'irisation. C'est cependant un des plus beaux diamants connus; sans défaut, il a une étendue de 45 millimètres sur 40. On dit que ce cristal existait 3,000 ans avant J.-C. C'est possible, mais nous préférons nous le figurer enfoui, étoile brillante, dans le sein de la roche où il se forma, que jalousement gardé sur les rives du Gange dans les trésors du roi Korma de si antique mémoire. Il y a tant d'invraisemblances dans la légende de cette pierre que nous croyons inutile de la rappeler.

Le Koh-i-noor, égale certainement en beauté le Régent; celui-ci l'emporte beaucoup en poids sur son rival qui ne pèse actuellement que 106 1/16 carats anglais.

Le *Shah* appartient à la Couronne de Russie, Il a été donné à l'empereur par le prince Cosroës, fils d'Abbé-Mirza. Il pèse 86 carats; très pur et de première eau, il a la forme d'un prisme irrégulier; il n'est pas entièrement taillé et porte à son sommet un sillon.

Le *Pigott*, apporté de l'Inde par lord Pigott, fut mis en loterie en 1801 pour 750,000 francs. En 1818 il passa entre les mains de MM. Rundell et Bridge. C'est un assez beau brillant de 82 carats 1/4.

Le *Nassac* pesait, lorsque l'East India Company s'en empara, 89 carats 3/4. Il appartient actuellement à lord Westminster. Il fut retaillé et réduit à 78 carats 1/8. Ou l'évalue 700,000 francs.

Le *Sancy*. Ce diamant d'une existence orageuse avait été apporté de l'Inde en Europe vers le milieu du xvᵉ siècle. Il appartenait en 1476 à Charles le Téméraire, duc de Bourgogne, qui le fit tailler par de Berquem, Cette taille, dite de nos jours Sancy, donne autant de feu et plus de reflets que celle en brillant; elle est recommandée par M. Babinet comme la plus savante et la plus avantageuse pour les grosses pierres. Quelques auteurs pensent que le « gros « diamant (qui était le plus gros de la chrétienté) « où pendait une grosse perle » dont parle Ph. de Commines, lequel diamant faisait partie des dépouilles qui « enrichirent les pauvres gens de Suisse, » après la bataille de Morat, n'était autre chose que le Sancy. Nous ne savons sur quoi est appuyée cette assertion, qui est d'autant plus hasardée qu'on sait que les paysans suisses brisèrent, pour se le partager, le cristal que d'abord ils avaient dédaigné. Un fait certain, c'est que la pierre qui reçut plus tard la dénomination de Sancy figurait en 1489 dans les joyaux d'Antoine de Portugal, qui, réfugié en

France, le mit en gage dans un moment de gêne pour 40,000 livres tournois, entre les mains de Harlay de Sancy, gentilhomme français, qui l'acheta ensuite pour 100,000 livres. Il resta pendant un siècle entre les mains de cette famille qui lui donna son nom. Henri III, lorsqu'il était prisonnier à Soleure, demanda à Nicolas Harlay de Sancy de le mettre en gage pour une somme qui lui permettrait d'acheter des recrues. Celui-ci envoya la précieuse gemme par son valet de chambre auquel il recommanda de de ne pas se laisser voler. — « On m'arrachera plutôt la vie que le diamant, » répondit le fidèle serviteur, qui fut en effet assassiné. Quelque temps après, des perquisitions ayant fait découvrir qu'un homme, dont le signalement répondait à celui de son domestique, avait été trouvé assassiné dans la forêt de Dôle, M. de Sancy se transporta sur les lieux, reconnut son serviteur et se rappelant de sa parole fit ouvrir le cadavre ; on trouva dans ses entrailles le précieux dépôt !

La même famille de Sancy en disposa plus tard en faveur de Jacques II, qui le vendit à Louis XIV pour 625,000 francs. Louis XVI le portait à sa couronne le jour du sacre.

Le 17 septembre 1792, il fut volé avec tous les autres diamants du domaine de l'Etat que la commune de Paris, après les journées du 10 août et du 2 septembre, avait fait mettre sous scellés dans la salle du Garde-meubles.

On le retrouva plus tard parmi les bijoux de la reine d'Espagne, qui en fit hommage à Godaï, prince de la Paix. Rentré en France en 1828, il fut acheté, pour le prix de 625,000 francs, par le prince Demidoff qui, en 1864, le vendit à un prince indien. En 1867, il passa entre les mains de MM. les fils de C. Oulmann, négociants à Paris, pour y être vendu. Ils en demandaient un million. Il est retourné, en 1870, à Bombay en la possession du prince qui l'avait acquis de la famille Demidoff. Ce beau et célèbre diamant pèse 53 carats.

Le diamant *bleu de Hope* est la merveille des diamants colorés. Mawe qualifie cette pierre de *superlativement belle*. Elle pèse 44 carats 1/4 et unit la belle couleur du saphir aux feux et à l'éclat du diamant. On croit que cette pierre est une fraction du célèbre diamant bleu de la couronne de France, volé en 1792. M. Babinet exprime ainsi son admiration pour ce merveilleux cristal : « Ce serait trop peu d'appeler, avec les amateurs, ce diamant une pierre d'affection, il faudrait aller avec lui à la tendresse, à la passion même. »

Le *Pacha* d'Egypte, diamant taillé à huit

côtés, pèse 40 carats, il a été payé par le vice-roi 700,000 francs.-

L'*Eugénie*, brillant de première eau, mais un peu plat, pesait brut 66 carats et, après la taille, 27 carats 1/8. Le roi d'Egypte en offrit à MM. David et de Voys, 675,000 francs. Il vient du Brésil, de la même mine que l'Etoile du Sud.

Nous arrêtons là notre énumération, car les diamants de 20 à 28 carats, même de belle eau et de bonne forme, ne sont pas rares, la couronne de France en possédait plus de soixante.

TABLE DES MATIÈRES

Paris. — Typ. A. PARENT, rue Monsieur-le-Prince, 29-31.

PARIS. — TYPOGRAPHIE DE A. PARENT

Rue Monsieur-le-Prince, 29-31.

www.ingramcontent.com/pod-product-compliance
Ingram Content Group UK Ltd.
Pitfield, Milton Keynes, MK11 3LW, UK
UKHW020825120726
13693UKWH00002B/473